野菜ソムリエという、人を育てる仕事

福井栄治

幻冬舎文庫

野菜ソムリエという、人を育てる仕事

前書き

　野菜やくだものといった青果物は過去にないほど注目されています。環境問題や健康志向、そしてかつてないほどの農業ブームを背景に、テレビや雑誌ではお取り寄せ野菜が特集され、地方の志ある生産者が大勢紹介されています。今という時代の中で「野菜ソムリエ」は輝きを増し、確固たる地位を築きつつあるように感じています。

　しかし僕は、本来であれば、野菜ソムリエがいなくても、必要な情報が入手できる環境が理想だと思っています。なのになぜ、僕は野菜ソムリエを誕生させたのでしょうか。

　食品で商いをする家に生まれ、商社マンとして大人の社会に足を踏み出してからも、視点とフィールドがグローバルになったという点では変わりましたが、やはり同じく食ビジネスに携《たずさ》わってきました。

　野菜ソムリエの認定機関である日本野菜ソムリエ協会（通称・野菜ソムリエ協会）設立前よりもさらに昔、父親と過ごした頃にまでさかのぼり、記憶と足跡をたどっていくことで、その理由をお伝えできるのではないかと思いました。

野菜や食に興味のある人、野菜や食の分野で起業したい人、あるいは、自分の未来に不安を抱《いだ》き生き方を悩んでいる人など、この本を手にとっていただいた皆さんに、少しでも発見や役立つことがあれば幸いです。

本書を書くにあたり、幼い時から商社マン時代までを振り返り、多くの方のお力とご厚意によってここまでこられたことを改めて実感し、ここに感謝の意を表します。

もくじ

第一章　野菜ソムリエって何だろう

情報流通の乏しい野菜

２００1年に野菜ソムリエの資格認定機関として「日本ベジタブル＆フルーツマイスター協会」（現・日本野菜ソムリエ協会）を創立し、民間資格をスタートさせました。野菜ソムリエ誕生から13年目を迎えようとしている今、資格取得者は日本全国で約4万人に達しています（２０１3年3月現在）。

野菜ソムリエの資格は3段階に分かれています。受講者はまず、入門編として野菜・くだものの魅力を知り、自ら楽しむことを目指した「ジュニア野菜ソムリエ」（初級）を取得。さらに、その魅力を伝えられるようになる「野菜ソムリエ」（中級）、そして、野菜・くだものを通じて社会で活躍できることを目指した「シニア野菜ソムリエ」（上級）と続き、レベルアップするごとにマーケティングなどの専門知識をも習得できるようになっています。

資格取得者は主婦や会社員の女性を中心に、生産者、流通・小売関係者など職種や年齢も実にさまざまです。彼らは地域での料理教室の開催、食品メーカーの商品開発や飲食店のレシピ考案、食育事業や農産物のマーケティング協力など、さまざまな形で情報発信をしてくれています。

そもそも、僕が有志と協会を立ち上げたのは、商社マン時代のある出来事がきっかけでした。

大学卒業後に入社した総合商社の日商岩井株式会社（現・双日株式会社）で、僕は1996年に有機農産物（オーガニック農産物）を扱うチームを立ち上げました。しばらくすると、興味を持った流通業者や小売店から「話を聞きたい」という問い合わせが増え、スーパーの青果部門や企業研修、オーガニック食品関連の講演会に出かけては、有機農産物についてのレクチャーを行うようになりました。

ある時、中堅スーパーマーケットの農産品担当者会議に呼ばれました。商社マンは普通、本部の部長やバイヤーとは接点があっても、現場の青果担当者とはほとんど接点がありません。日々、野菜やくだものを扱う彼らはきっと、青果物に関する知識は豊富なはず。現場のプロフェッショナルに出会えることが楽しみでした。

しかし、彼らは驚くほど野菜のことを知らなかったのです。

「この時期のニンジンはどんな料理に向いていますか」

「品種ごとに味はどう違いますか」

意地悪な質問をして困らせようと思ったわけではありません。何げなく聞いた質問に、答えられた人はごくわずかでした。

それ以降、生産者、青果物流通業者、小売業者など、行く先々で業界のプロとされている人々に同じような質問をしてみましたが、結果は同じでした。彼らは、たとえばトマトの栽培方法や季節ごとの産地、相場観については非常に詳しいのですが、トマトにはどんな栄養があって、季節ごとにどう料理すれば美味《おい》しいのか、どう保存すればいいのか、という質問には答えられなかったのです。僕の質問、つまり、スーパーに買い物にくる主婦たちをはじめとする「生活者が普通に知りたいと思うであろう情報」についての知識は皆無でした。

小売業者は青果物に関する知識をほとんど持たないまま、野菜を棚にただ並べているだけだったのです。

その頃、販売開始から間もないオーガニック農産物は、流通や小売関係者から「高くて売れない」というイメージを持たれ敬遠されていました。

それは違う――。僕はそう思っていました。特にオーガニック農産物は、野菜やくだものが作られる過程、その背景にある生産者の想いや情報を伝えることで価値が生まれます。その価値を伝え、だからこの値段であることを納得してもらって初めて売れるものです。黙って並べるだけでは売れるものも売れません。それはオーガニックに限らず、どんなプレミア商品でも同じだと思います。

そこで気づかされたのは、作り手から買い手へと野菜が届く過程で、情報流通が一切行われていないことでした。

日本の野菜はゲイジュツヒン!?

第二次世界大戦後の農地改革で小作人が地主から独立し、日本各地に自営農家がたくさん生まれました。それぞれが作った野菜・くだものを効率よく消費地に流通させるために、農業協同組合（JA）という組織を通し、収穫物を産地で集め、それを都会の市場に出荷し、競《せ》りを経て小売り業者に卸すという流通の仕組みが生まれました。それは、野菜やくだものが「作れば売れた」時代には非常に機能していたのですが、一方で、生産者、流通業者、小売店、生活者という縦割りの仕組みの中では、「情報」

は分断され、まったく流通しなくなっていました。

都市部に人口が集中し、買わなければ野菜を食べられない人々が増えたことで、1960年代には野菜価格が高騰します。政府は1963年に「指定産地制度」を定め、都市部に野菜を安定供給する産地の育成を始めました。当時、農家は量産第一。短い栽培期間でどれだけ収量を上げられるかが重視され、野菜の食べ方や栄養はほとんど無視されていたように思います。

その後、「飽食の時代」が到来し、生産者や売り手は「売れるものを作ろう」とするも、従来の生産・流通形態の中では、生産者と生活者が情報を共有することは困難でした。生産者と生活者が分断化される中では情報も分断されてしまっているため、当然、作り手側に生活者のニーズは充分にフィードバックされません。生活者も、スーパーの店頭で野菜の特徴や栄養、調理法などの生活に必要な情報を得ることはできない。

モノだけが流通し、情報や商品の本来の価値が置き去りにされてしまっていたのです。

商社マン時代、アメリカの有機農産物生産者グループを北海道に招待し、現地で有機栽培を行っている生産者との交流会を開いたことがあります。終始和やかな雰囲気で行われた会もそろそろお開きにという時、一人のアメリカの生産者が僕にこう言いました。

「日本の農家の方はまるで芸術家のようですね。野菜やくだものが芸術品に見えます」

オーガニック先進国で長年有機農産物を栽培している彼らは、野菜を作る腕や目利きには絶対的な自信を持っていたはずです。その彼らが本当に感心したと言うのだから、日本の栽培技術はトップクラスにあるに違いない。そう実感した僕は、本当にうれしかった。

しかし、生産者がいくら丹精込めて素晴らしい野菜やくだものを作ったところで、価値を伝えなければ売れない時代。売れないということは、日本の農業をますます衰退させてしまうことになります。もしかしたら30年後、この国から農業という産業は消えてしまうかもしれないのです。

僕の中に焦燥感が芽生えました。日本の農業や食を次世代に継承していく仕事をしたい。それが、野菜ソムリエを考えるきっかけになりました。

ところで、僕はここまで、あえて「消費者」ではなく、「生活者」という言葉を使っています。実は、「消費者」という言い回しがあまり好きではありません。そもそも、昔は「消費者」という概念はなかったのです。日本でも江戸時代、ほとんどの人々が「生産者」でした。消費者（consumer）という言葉が使われ始めたのは、イギリスで第一次産業革命が起こった頃。生産者と対《つい》をなす言葉として、消費者という概念が生まれました。

今、世の中の人々は概して、生産者と消費者に分類されます。消費者とは文字通り「財やサービスを消費する人」です。でも、人々はモノを消費することが目的ではないはず。消費することはあくまでも、充実した、幸せな生活を送るための手段の一つです。だからこそ、僕は消費者ではなく、「生活者」と言いたいのです。

生活者に本当に必要な情報を伝えるために、そして、生産者に生活者のニーズをフィードバックするために、必要とされているのは、作り手と食べ手をつなぎ、畑から食卓までをトータルでマネジメントする存在。情報が正しく伝わりさえすれば、野菜やくだものの価値は変わるのです。そのためにも、野菜やくだものに関する豊富な知識、生活者が求めている情報を持つ人材を育成しなくてはなりません。それが、広い意味で日本の農業を活性化し、日本の農業を次世代に継承していく近道になると考えたのです。

食べ物か、商品か

今、生活者があたり前のように求める情報の一つに「食品の安心・安全」があります。

昔は食べ物は安心・安全があたり前でした。それが今や、安心・安全が付加価値になっています。考えたら不思議な話です。

2000年以降、食品偽装事件がニュースを賑《にぎ》わし始め、食の安心・安全神話が崩れていきました。生活者はあたり前のように買っていた食品への不信感を募らせていきます。

なぜ、食品偽装は起こるのでしょうか。

食品には2つの側面があります。1つは人の命となる「食べ物」としての側面、もう1つは「商品」としての側面です。その差は、「利益を生むものかどうか」ということです。

もちろん、商売でやっていく以上は、商品として売り、利益を出していくことが必要です。命に直結する「食べ物」だからといって、コスト度外視で作っていいわけではありません。安心や安全を追求した結果、100円のものが1000円になりました、では誰も買わないはずです。

作れば売れた時代には、この2つの側面はうまくバランスがとれていました。しかし、飽食の時代となり、海外からの輸入農産物も増え、誰もが「売れるものを作らなくては」となると、競争が激化します。1円でも安く作り、1円でも高く売ろうとすればするほど、食品は商品としての比率を増していき、そして、高く売って利益を出すための策として食品偽装が起こってしまったのです。

食品加工卸《おろし》のミートホープは、豚肉やパンの切れ端などを入れて水増しし、原材料を偽装したものを牛肉100%のひき肉として販売しました。新宿のヒルトン東京内の高級フレンチレストランでは山形産の牛肉を岩手産高級和牛の「前沢牛」と表示して産地偽装をしました。赤福は「赤福餅《もち》」の消費期限偽装を行っていました。ここ10

年、食品業界ではさまざまな不祥事が相次いでいます。

食べ物の「商品」という側面が強調され過ぎると、こういうことが起こってしまうのでしょう。作り手と売り手、真の意味でまだまだ顔が見えている関係ではないからなおさらです。

家庭に食品偽装はありません。なぜなら、家庭に入った瞬間に商品という側面はなくなるからです。家庭ではすべてが食べ物です。強《し》いて言えば、お母さんがへそくりを増やすために「今日は松阪牛よ」と言いながら、安売りの肉を出すぐらいでしょうか。

また一方で、給食の食材調達に携わっている野菜ソムリエからは、こんな話も聞きました。彼女が栄養士として働いている神奈川県のある市では、給食に使う食材を地元の農家から調達するようにしたところ、農薬の使用量が激減したというのです。自分たちの子どもや孫が食べるかもしれないと思うと、農薬を使えなくなったということなのでしょう。

その市では、商品として見た時に求められる規格よりも、食べ物という側面が重視され始めたのだと思います。いっそのこと、さまざまな売り文句や安心のための規格取得などを一切やめて、「うちの商品は自分の子どもにも食べさせています」と言ったらどうでしょうか。それが一番のセールスポイントになるような気がします。

かくいう僕自身にも、食品偽装ではありませんが、食品の「商品」という側面ばかりを意識してしまっていたことがありました。

商社マン時代に量販店のプライベートブランド（ＰＢ）を作っていた頃、オーストラリアからオレンジのパック詰めストレートジュースを輸入したことがあります。ストレートジュースは、同じ果汁１００％ジュースでも濃縮還元ジュースとは違い、くだものを搾《しぼ》ったままパックするというのが売りの商品で、くだものの味や風味がそのまま生きているのが特徴です。

ただ、実際に輸入してみると時期によって味にばらつきがあり、販売店からクレームがきてしまいました。現地のメーカーにクレームを入れると、

「オレンジは一個一個味が違うのだから、違いがあって当然だろう？　いつでも同じ味がいいのなら、ほかの商品にしてくれ。我々はフルーツをそのままパックしているのだから」

という答えが返ってきました。

フランスからホワイトアスパラガスのスープを輸入すると決めた時もそうでした。「10月から輸入したい」と言うと、相手はあきれた顔で「今年の分は売り切れだ。アスパラガスは6月にしか収穫できないから、来年の6月まで待ってもらわないと」と言うのです。

ショックでした。果実の個体差なんて分かっていたことだったし、野菜は一年中できるものではないことも分かっていたはずなのに。

そもそも、僕がストレートジュースやスープという当時としては少々特殊な商品を輸入しようと考えたのは、大量生産・大量消費ではない「本物の商品」を扱いたかったからでした。ストレートジュースにしても、濃縮還元ジュースだけでは伝えきれない〝ジャスト・スクイーズ（搾っただけ）〟の味を知ってほしいという想いがあったから。本物の味、つまり、自然の果実のそのままの味を知ってほしいと思いながら、本物の味の旬の時期やその味わいには個体差があるという事実を見逃していたのです。

加工食品は食べ物というよりは商品であり、商品である以上はいつでも同じ品質のものがあってあたり前。そして、少しでも早く商品を輸入して販売し、利益を上げたいという思いが、あたり前の事実を僕の頭から消し去っていたのです。知らず知らずのうちに、食べ物を「商品」としてしか見ず、現場の生産者に無理強いをしていた自分に愕然《がくぜん》としました。

それ以来、僕の中では、「味は変わってもいいのではないか」という思いが生まれてきました。「いつだって同じ味であるべき」という前提があるからこそ、たとえばドレッシングにしても味を均一にするために調整剤が入る。でも、商品ではなく「食べ物である」と考えれば、不必要なものは入らないはずだし、それは結果的に生活者のためにもなる。この一件を通して、「食品を扱う仕事に携わっている」という実感がより強くなりました。

商品という面が強くなると、生産形態をゆがめ、大量生産に走らせ、結果、食品の大量廃棄という状況を引き起こします。一方では、1円でも利益を出そうとして食品偽装という事件が起こります。食品メーカーや加工工場は、多くが安全品質管理の指針となるISOやHACCPを取得しているから、本当は食品偽装なんて、書類のうえでは絶対に起こらないはずなのです。

デフレの時代は特に、商品という側面が強調されやすいように思います。だからこそ、私たちは今一度、野菜やくだものは大地の恵みであること、そして、「命に直結する食べ物を扱っている」という自覚をし、高いモラルを持たなければならないのだと、強く思うのです。

そういえば、くだんの赤福の報道を聞いた時、僕は背筋が寒くなりました。

赤福の経営陣は、製造工場に「ロスを減らせ」という指示を出していたと思います。ロスを減らすことは悪いことではありません。むしろ、時代背景からしても当然のことです。

本来ならば、「ロス率を下げましょう。もちろん、安心で美味しい商品を提供するという、すべてに優先されるべき条件をクリアすることが前提です」と、指示をしなくてはならなかったと思います。

しかし、結果的には返品された赤福餅を餅と餡《あん》に分けて冷凍し、再利用することになってしまいました。ロスを減らすという正しい経営判断を突き詰めた結果、安心で美味しい商品を提供するという本来の目的を見失ってしまったのです。

これは、恐ろしいことだと思いました。「ロス率を下げる」ことは、誰も反論できないような正しい指示です。それだけに、組織の中でその指示に対する検証がなされなくなることがある。トップからの指示が現場に伝わるほどに、守るべき前提が省かれ、指示だけが一人歩きする。それは、結果を出すためには手段を選ばない状況に現場を追い込みます。

伝える・伝わることの怖さ。志を同じくする一つの会社内でもこういうことが起こり得る。ましてや、作り手と食べ手の間では意識して伝えようとしなければ何も伝わりません。

僕は前書きで、「野菜ソムリエは、いなくても」と言いました。

本当なら、野菜ソムリエなんていなくても、生活者が必要とする野菜やくだものの情報がきちんと伝わる社会が理想だからです。

昔は、誰もが野菜の旬を知っていました。それは、野菜に限らず、食に関する情報は2つのチャネルで伝えられてきたからです。1つは、「売り場を基点とした情報発信」、もう1つは「家庭内での伝承」です。

対面販売の八百屋《やおや》では旬の野菜の味や美味しい食べ方を知ることができたし、家庭内でも祖母から母へ、母から子へとその家の味が伝えられていました。しかし、核家族化でその家庭ならではの食文化が伝えられる機会が減り、さらに昭和40年代以降、日本の小売店はセルフスタイルのスーパーマーケットが中心になったことで、売り場での情報発信機能も極端に失われていきました。ほとんどの野菜は一年中出回るようになり、食卓で旬を感じる機会も減りました。今は野菜の旬を知らない人も多くいます。

あたり前のように知っていたことを、意識して勉強しないと正しい情報を得ることができない時代。その知識を習得する場所として野菜ソムリエ協会は存在しています。

本当は野菜ソムリエなんていらない。

でも、今この時代だからこそ、野菜ソムリエが必要でもあるのです。

等身大の野菜の情報発信人

「野菜ソムリエとは、どんな人ですか」

そう聞かれたら、僕はこう答えています。

「生活者視点で野菜やくだものの素晴らしさを伝える人です」

たとえば、一口に旬といっても、野菜には植物学的な旬と食味的な旬があります。夏野菜のトマトは、植物学的な旬は6〜8月。この時期のトマトは青臭さがあり、むしろ、4〜5月に収穫されるトマトのほうが甘くて美味しい。いちごも本来は4〜5月が旬ですが、クリスマスケーキで需要が伸びる12月が最も出荷量が多くなります。そういった知識を知ったうえで、生活者が生活スタイルに合った野菜を選べるような情報を伝えられる存在。それが野菜ソムリエだと思っています。

商社マン時代、試作を重ねてできた3種類のコーヒーの消費者調査を行ったことがあります。すると、人気があったのは僕たちが最も自信作だと思っていたモカベースではなく、一番特徴の薄いと思ったコーヒーでした。プロがこだわったものが、必ずしも一般の人の嗜好《しこう》に合うとは限らない。そこにギャップがあることに気づきました。この教訓から学んだことも、僕の野菜ソムリエ育成活動に大いに活かされているように思います。

野菜ソムリエ協会設立の一番の目的は「野菜の伝道師」を育成することでした。だから今も、野菜ソムリエの第1回目の講義には「ベジフルコミュニケーション」と題して、コミュニケーションを学ぶカリキュラムを設定しています。野菜の魅力や感動を正しく説明できる力、立ち居振る舞いや目線の動きなど理論的なコミュニケーション術、自分自身の見た目といった観点からの講義を行っています。「野菜の勉強をしに来ているのになぜですか？」と聞かれることがあります。白のシャツに黒のエプロン、赤いチーフという制服を不思議に思う人もいるでしょう。実際に制服を作る時も、「土がついた野菜を扱う人であれば、お洒落な制服はいらないのでは」という意見もありました。その意見も理解できます。それまでは、野菜やくだものの情報発信をする人の見た目や服装にこだわるという概念はなかったのですから。

それでも、僕がスタイリッシュな制服にこだわったのは、「コミュニケーション力」を重視したからです。

人は、どんな人の話を聞きたいと思うのでしょうか。どんな人の話に感動するのでしょうか。

もちろん、その人が持つ情報に感動することもあるでしょう。しかし、より感動するのは、情報よりもその人の生き様や情熱だと思います。松下幸之助の言葉に感動するのは、その言葉を彼の人生に重ねているからでもある。その人の人生観、人となり、ライフスタイルに感動や共鳴するからこそ、その人が発する言葉がより心に響くのです。

理想の野菜ソムリエは、感動を伝えることができる人です。知識や情報、提案力を超えた感動を伝えられる人。人々により共感・共鳴してもらうためにも、服装や立ち居振る舞いといった野菜ソムリエの「見られ方」も重要だと考えたわけです。それもすべて、コミュニケーション力となるのです。

知識があっても、伝えられない、聞いてもらえなければ、知らないのと同じこと。だから、コミュニケーション力はかなり重視しています。

それ以外は、協会サイドから「こうあるべき」という野菜ソムリエ像は提示していません。というよりも、あえて理想像を打ち出さないようにしています。

野菜ソムリエの資格取得者は8歳から80歳まで、今も幅広い年齢層の方々に受講していただいています。正しい知識や情報を習得してくれさえすれば、個々の生活の中で、それぞれに理想の野菜ソムリエを目指してもらえればいい。「理想像に幅があるのはいかがなものか」と思われるかもしれませんが、ライフスタイルや食生活もこれだけ多様化している時代だからこそ、いろんな形の野菜ソムリエがいていいし、その幅の広さが、野菜ソムリエをさまざまなライフスタイルに対応する存在として、社会に根付かせてくれているような気がしています。

僕は、野菜ソムリエであることを楽しんでほしいと思っています。

かっこいいことを言ってしまえば、野菜ソムリエという一つの資格を通して、それぞれが自分の夢への一歩を踏み出してくれることが理想です。なぜなら、自分にできる小さな一歩を踏み出すことが、社会を変える一歩だと思うからです。

２００９年夏の総選挙で、自民党から民主党への歴史的な政権交代が実現しました。有権者の一票は小さな一票ですが、その一票が集まったからこそ政権交代が起こったのです。

社会を変える、社会に貢献するなんて言うとかっこ良すぎるし大袈裟《おおげさ》に聞こえるかもしれませんが、多くの人の自己実現の一歩が集まれば、それは社会を変える大きな力になると僕は思います。一人の一万歩より、一万人の一歩、なのです。

週末になると、パリにはマルシェが立ちます。ニューヨークでも日曜日になると朝市が立ちます。生産者が自慢の野菜を持ち寄り、客と会話しながら直接販売をするその空間は、活気と笑い声に満ちています。新鮮な採れたて野菜と生産者たちの陽気な笑顔を見ていると、楽しくなってきます。彼らはある意味、エンターテイナーだと思います。

最近は、日本でも都心の朝市イベントが増えましたが、それでもまだまだ、生産者と生活者の間は近くなったようで遠く感じることがあります。

野菜やくだものの情報を知ることで、今晩の食卓はもっと豊かになる。もっと楽しくなる。野菜やくだものを通して楽しさを提供する野菜ソムリエも、れっきとしたエンターテイナーだと思っています。

第二章　成功の定義づけ

協会設立前夜

野菜やくだものが持つストーリーを提供できる人材を育てたい。

そうだ、「野菜のソムリエ」を作ろう。

そう思いついたのは、日商岩井を辞める3年ほど前でした。

野菜ソムリエは、ワインのソムリエにヒントを得ました。

ワインは、１９７０年代中頃に最初のブームが到来しましたが、すぐには定着しなかったように思います。その後、第二次、第三次とワインブームが続くうちに、今ではすっかり、日本の食生活にも定着しています。

それは、田崎真也さんという名ソムリエの存在が大きかったと思うのです。田崎さんはぶどうの品種、産地の気候風土、ワインの知識、料理との相性など、ワインの特徴だけでなく、ワインを含めた食文化や生活スタイルまでをも紹介してくれました。

ソムリエとは、なんと豊かな知識を提供してくれる人なのだろう。ワインのソムリエの野菜版を育成したい。

そう考えた僕は、実は、在職中からすでに動き始めていました。

まず、海外で野菜ソムリエのような資格を取得できる認定機関や、野菜ソムリエのような人材を育成している団体を探しました。新しい協会を立ち上げるなら、まずは海外にある協会の日本支部を作ろうと考えたのです。

何か新しいことを始める時、海外にあるものの日本支部を立ち上げるほうがうまくいきやすいと思います。なぜならそこには、海外で評価されている団体であるという「権威」があるからです。その権威があれば、日本でも広まりやすいはず。ワインのソムリエ協会やスローフード協会も、フェアトレードもフードマイレージも然《しか》りです。

それにまだこの時、僕は会社勤めを続けながら協会を運営しようと考えてもいました。

僕には「日本の農業を次世代に継承したい」という想いがあります。一から自分たちで立ち上げるには時間も費用もかかりますが、大変だと諦めたらそこまでです。自分たちでもできる形はないだろうか。ならば、海外の団体の日本支部を作ろう、そう考えたのです。すでに志を同じくする仲間が3人いて、それぞれに仕事を持っていましたが、これなら本業と並行しながらできそうです。

海外リサーチをしながら、同時に同じ問題意識を持った仲間と月1回、3時間ぐらいのディスカッションデーをもうけて話し合いました。当時、日刊食料新聞青果版編集長だった近藤卓志さん、商社時代の後輩の吉村司さん、イメージコーディネーターの山形有莉絵さんらと熱く語り合い、時にはそれぞれの仕事の終わりにファミリーレストランに集い、目指すべき協会の理念などについて議論を交わしました。

続けること約2年。ようやく協会の理念やコンセプトが固まりました。あとは、該当する海外の団体を見つけるだけです。

ところが、各国の野菜やくだもの関係の組織を調べてみたものの、「野菜ソムリエ」という、いかにも海外にありそうな資格や団体は、一つも見つからなかったのです。オーガニック先進国のアメリカやヨーロッパにも、影も形もありませんでした。

オーガニックチームのように、会社に協会ビジネスを提案する方法もあったかもしれません。しかし当時、日商岩井はバブル崩壊後の多数の不良債権を抱えていたため、すでに新しい事業は興せない状態だと感じていました。

僕が選ぶべき道は2つ。「諦める」か、「自分で団体を作る」か。

神様に、「おまえは本当にこの仕事をやりたいのか?」と聞かれているような気分になりました。そこで初めて、僕の中の本心が見えてきました。

ここまで調べて、できることはやったと諦めることは簡単です。しかし、自分の中でやれない理由を納得いくまで挙げたところで、やらないという意味では同じこと。僕は在職中のインドネシア留学で、多くの矛盾をはらんだ現実を目《ま》の当たりにしてきました。現地で僕と同じような体験をした日本人もいました。でも彼らは目をつぶったままでした。

心の底から生まれてくる怒りや矛盾があるなら何か行動をとれるはず。

僕は日本の農業を次世代に継承したいと本気で考えていて、そのためには畑から食卓までをマネジメントできる人材の育成が本当に必要だと感じている。それを実現したいと考えている。

それならば、自分で作るしかない。

30代後半で家族もいます。守るべきものはたくさんあります。それまでの人生で得たものもたくさんあります。今ここで新しい協会を立ち上げることで、もしかしたらそれらすべてを失うことになるかもしれない。

ところが、怖さ以上に、やりたいという気持ちのほうが勝っていました。僕は会社で大反対に遭いながらも、オーガニックチームを立ち上げ、成功に導いてきたじゃないか。今まで誰もやらなかったことにチャレンジしてきたではないか。

自分で協会を作ろう。そして、野菜のソムリエを育成しよう。

仲間と資金を出し合い、2001年8月に「日本ベジタブル&フルーツマイスター協会」(現・日本野菜ソムリエ協会)を創立。名前はすぐに決まりました。

最初に雇ったのは電話番のアルバイト一人。その頃は、銀行での通帳記入にも自分で行きました。経理担当よりも経理に詳しい自信があったほどです。

講座作りの裏側

野菜ソムリエ協会は、本当に小さなところから始まりました。

協会設立後、最初に着手したのは、理想の野菜ソムリエ像を決めて養成カリキュラムを作ることです。

しかし、理想の野菜ソムリエ像はなかなか見つかりませんでした。生産者や青果物業界の人々は栽培情報や価格、産地の状況には詳しいのですが、それだけでは不十分です。僕たちが考える理想的な野菜ソムリエ像、畑から食卓までをマネジメントできる人とは、青果物業界のプロが持つ知識に栄養、調理法、コミュニケーション力、すべてが備わって初めて理想形になるわけです。

　モデルになる人を探しましたが、誰一人として参考になる人はいませんでした。そもそも、世の中にないものだから参考にできるものがなくて当然です。

　試行錯誤して生まれた理想の野菜ソムリエ像は、生産者のこの部分、スーパーのバイヤーのこの部分、料理家のこの部分と、各分野の知識を持ち合わせたものでした。

　前述したとおり、食品には商品と食べ物という2つの側面がありますが、生活者は常に、食べ物ということを優先します。食べ物として生活者が求めている栄養価、美味しさ、調理法などに関する情報、商品として生産者や流通業者、小売店が知っている栽培方法や相場情報など、それぞれの情報ギャップを埋めることを、野菜ソムリエの一つの役割としました。

　そのために必要な情報を洗い出し、資格取得に必要な科目を決定。それぞれの科目ごとに、管理栄養士や調理師、青果物流通業者、カラーコーディネーター、フードコーディネーターなど、講師になっていただける人を探し、一緒にカリキュラムを作っていきました。

こと、カリキュラム作りには苦心しました。当初は1科目1人の講師に担当してもらいましたが、僕は講師の属人性に頼るようなことはしたくありませんでした。つまり、講座を講演会のようにはしたくなかったのです。講演会と資格講座はまったく別ものです。もちろん、惹《ひ》きつけられるような話術も大事ですが、それ以上に僕たちが理想とする野菜ソムリエになれるよう、きちんとした知識を習得できること。資格を取得するためには、北海道でも東京でも福岡でも、どこで受講しようが、講演会の延長ではない一定レベルのクオリティの講座が受講できて同じ知識を得られるような汎用性がないといけません。その後、協会の活動が広がった時にも講座のクオリティだけは守れるようなカリキュラム作りにこだわりました。

カリキュラムに沿ったテキストも作りました。しかし、当時は予算もないので印刷所で印刷することもできず、ワード文書で作ったものをホチキスで留めただけの簡易なものでした。

講座内容がある程度かたまると、次は受講生集めです。

僕は商社マン時代の取引先を訪ねては、「今度こういう資格講座を始めるので、ぜひ受講生を出してほしい」とお願いをして回りました。業界のプロと呼ばれている人のところへも行きました。

「今さら野菜について勉強することもないし、ましてやプロの僕たちが素人《しろうと》のあなたたちに野菜を学ぶなんておかしいじゃないか」

というのが、プロであるという自負を持つ彼らの大方の評価でした。そう思われて当然です。誰かが商社マンの僕に、「商社のことを教えてあげますよ」と言っているようなものなのですから。

それでも、「福井さんの頼みなら」と、いくつかの企業は受講者を送り込んでくれました。

2001年8月、記念すべき第1回の講座には15人の受講生が集まりました。ほとんどが、企業派遣生。その多くは、自分は野菜のプロだと自覚している人々だから、授業といっても、特に新たな発見はないとたかをくくっていたはずです。

ところが、授業が進むにつれ、彼らの顔つきが変わっていきました。

講義では最初、「生活者視点が大事だ」ということをこんこんと説いていきました。そして、事前にリサーチした内容をもとに、実際に生活者が求めている青果物情報を提示すると、そのうち、受講生が答えられる情報は3割にも満たなかったのです。自分は産地情報にも詳しい。長年の経験もある。でも、栄養や品種や料理の関係については答えられない。ましてや、それをどう伝えるかなんて、考えたこともない。野菜のプロだと思っていたのに、実は、求められている知識はほとんど持ち合わせていない……ということに気づかされたのでしょう。

後日、講座に社員を派遣してくれた企業の担当者が、受講生が会社に提出したレポートを見せてくれました。そこには「目から鱗《うろこ》が落ちた」という感想が書き連ねられていました。そして、ほとんどの会社が「来年もよろしく」と言ってくれたのです。ちょうどその頃、NHKの「おはよう日本」という番組で、「野菜の学校ができた」ということで野菜ソムリエ協会が紹介されました。朝6時からの生放送で、講師の一人に野菜の見分け方を簡単に講義してもらいました。その後、新聞や雑誌などでも紹介されるようになり、少しずつ問い合わせも増えていきました。

2年目、受講者は150人にまで増えました。

現在、野菜ソムリエのコースは3段階に分かれていますが、当時は、今のジュニア野菜ソムリエ（初級）と野菜ソムリエ（中級）を合わせたレベルの1コースしかありませんでした。

そもそも、僕たちは農業を次世代に継承するために、畑から食卓までを一気通貫でマネジメントできる人材を育成したいと考えていたわけですが、その対象者は生産者、流通業者、食品メーカー、小売店など、食品業界に携わる人々を想定していました。しかも、当時の受講料は1人24万円程度。決して安くはない金額を払うのだから、受講希望者も講座内容が仕事に活かせるプロフェッショナルな食産業従事者だとばかり思っていたのです。

それが蓋《ふた》をあけてみて驚きました。2年目の受講生の約9割が家庭の主婦やOLといった女性だったのです。受講料24万円を支払い、自分の今の仕事に直接的にはつながらないようなことを一般の生活者が受講してくれるということは、正直、想定外でした。

2002年には、人気モデルの長谷川理恵さんが資格を取得されました。長谷川さんは、野菜ソムリエ協会や僕たちの活動を知り、自ら受講しに来てくれたのです。それ以降、一般の生活者の受講生がさらに倍増しました。

商品でも何でもそうですが、手っ取り早く認知度を高めるために「著名人に使ってもらう」ということは多くあります。長谷川さんが受講してくれた時も「宣伝のためにしかけたの？」と言われたこともありました。

僕たちは、広告・宣伝の類《たぐい》は一切行ってこなかったし、ましてや〝しかけ〟なんてやったことがありません。正確に言えば、やりたくてもできなかった。なぜなら、本当にお金がなかったからです。

でも、今となっては「お金がないこと」が幸いしていたようにも思います。宣伝にかける予算がない分、どうすれば僕たちのメッセージを多くの人に伝えることができるのかを考え、そのために創意工夫することができたからです。安易にお金に頼らない。このことが、結果的に多くの人に協会のメッセージが真に伝わることになったように思います。

有名になった理由

シニア野菜ソムリエのカリキュラムには、僕が受け持つ「ベジフルアカデミー」という講義があります。この講義の始まりに、僕は受講生に必ず、ある質問をします。

「なぜ、野菜ソムリエ協会は10年の間に、現在のような社会的ポジションを獲得できたと思いますか？」

多くの答えはこうです。

「健康ブームがあったから」

「農業ブームや野菜ブームが起こったから」

「食の安心・安全神話が崩れたから」

野菜ソムリエ協会がここまで認知されるようになった要因として、ほとんどの人が社会現象を挙げるのです。

でも、僕からすればその答えは不正解です。なぜなら、これらの社会現象は、野菜ソムリエ協会だけに起こったわけではないからです。

社会現象とは、日本に存在するすべての個人や団体に等しく起こっているもの。それに、同じように社会現象を受け入れている組織はどこも業績がいいかというと、そうでもない。つまり、どれだけ社会現象を分析しても、僕が受講生に投げかけた「野菜ソムリエ協会が有名になった理由」にはならないのです。

実は、「ベジフルアカデミー講座」を受け持つことが決まった時、僕は協会設立当初に作った5か年計画を見直しました。

そして、驚きました。

なぜなら、そこに書いていたことは、見事に現実となっていたからです。料理教室をやっていること、カルチャースクールをやっていること、出版業をやっていること、そのほか、全国の事業所で行っていること。当時僕が想い描いていた野菜ソムリエ協会のビジョンが、すべて実現されていたのです。

計画書を書いた当時は、「我ながら荒唐無稽な計画だ」と思ったものでした。なぜなら、壮大な計画を立てながらも、たった3人のスタッフから始まったのですから。当時の目標が達成されていたという観点では、ある意味、野菜ソムリエ協会は成功したと言えるでしょう。自分でも無謀だと思っていた計画が見事に達成されていることを目の当たりにして、僕は改めて、「成功の秘密とは何なのだろう」と考えさせられました。

なぜ僕は、野菜ソムリエ協会設立時の目標を達成し、成功したと言われるようになったのか。そして、なぜ野菜ソムリエ協会がここまで認知されたのか。

僕が導いた答えはこうです。

「僕たちがそうなろうと思ったから」

今、世の中にないまったく新しいものを作ろうとするとします。ゼロから作り上げるのだから、その情報は誰も知りません。何か新しいことを始めた時に必要なのは、「認知してもらうこと」です。しかし、認知されてもそこに人々を惹き付ける一定の「何か」がないと広がっていきません。

僕は、認知されて広まっていくために必要なのは「権威と信頼性」だと考えています。この「権威と信頼性」を成功の定義づけとしたことが、僕たちが事業としても成長できた一つの理由だと感じています。

ある分野において優れていると信頼されていること。その分野で優れていると認められていること。

辞書では「権威」をそう説明しています。

つまり、権威が生まれると、一般的にはそこが発信する情報に関して、人は疑いなく納得するようになるのです。

たとえば、政治に関して意見する時、東京大学の政治学の教授と僕の意見では、信頼されるのは間違いなく前者です。それは、長年研究を続けてきた「教授」であること、そして「東京大学」という権威があるからです。朝日新聞と某スポーツ紙に掲載された記事であれば、信憑性《しんぴょうせい》がよりあるのは朝日新聞でしょう。権威があるものは、安心感、信頼性があるから受け入れられやすいのです。だから、狐は虎の威を借る。もちろん、時にはその安心感や信頼性を逆手にとって、権威が暴走したり悪用されることもなくはないのですが。

僕は設立から5年後の中目標として、野菜ソムリエ協会に「権威と信頼性」を確立しようと考えました。

僕は仕事を進める時、新しい事業を立ち上げる時など、すべてにおいて、必ず目標を立てています。

それは、大目標、中目標、小目標の3つ。

大目標とは、誰がトップになっても組織が存続する限り追い求め続ける理念であり、時期に関係なく、永久的に目指すべき理想です。野菜ソムリエ協会でいえば、「農業を次世代に継承する」「食を日常的に楽しむ社会をつくる」ということです。

悩んだり、迷ったりした時には、常にこの大目標に立ち戻ります。これからやろうとしていることは、僕の大目標にプラスになるのだろうか。大目標を達成するために有効なのだろうか。大目標に即して考えると、たいていの道は間違えずに選択でき、正しい判断ができるようになります。仕事人としての軸がぶれないためにも、大目標を立てることは大切です。

中目標は、5〜6年の時間軸で成し遂げたい目標です。最終的な大目標を達成するための目標でもあります。

そして、小目標。これは、中目標を達成するための目標であり、3か月から1年の時間軸で考えます。

「今年は講座の場所を10か所増やしましょう」

「1講座あたりの受講生数を20名増やしましょう」

このような具体的な数値目標は小目標です。短い時間軸のものであるからこそ、より具体的な形で設定されるのです。

目標設定する際に重要なのは、「抽象性と具体性のバランス」です。僕が設定する目標は、大きくなるほど抽象的であり、小さくなるほど、前述したように具体的になります。具体的な目標のメリットは、誰もが誤解なく正しく目標を理解できるということです。「目標受講生数５００人」と言われれば、スタッフ全員が「５００人だな」と理解でき、同じ方向に向かって進むことができる。しかし一方で、５００は５００でしかなく、そこには想像力やアイデアは必要ありません。つまり、定量的な目標ばかりを言いすぎると、遊びがないからかけ算的な広がりがなくなってくる。想像力が働く余地がなくなり、潜在的な能力が発揮しにくくなります。

その点、大目標は抽象的であるため、「どうすれば目標が達成されたとするのか」というゴール地点は、10人いれば10通りの答えが出てくる。目標が抽象的になればなるほど、ゴールへのアプローチは幅広くなり、そこには想像性も生まれ、それはかけ算でどんどん大きくなっていく。

だからこそ、目標設定には「抽象性と具体性のバランス」が大事であり、それは、中目標の設定においては特に重要になるのです。

「なぜ、野菜ソムリエ協会はここまで知名度が上がったのか」ということに対して、僕は、「僕たちがそうなろうと思ったから」と答えました。

実は、僕たちが掲げた中目標は「有名になる」、つまり、「権威と信頼を獲得しよう」ということでした。それが実現されたからこそ、今、こうして野菜ソムリエ協会は有名になることができたわけです。

成功の定義づけ

さて、5年後の中目標として「権威と信頼性」を確立させることを決めたわけですが、どうすれば、それが確立されたとみなせばいいのでしょうか。

僕は2つの条件を考えました。

1つ目は、野菜やくだものに関しての何らかの報道がなされる時、必ず野菜ソムリエ協会に問い合わせがあること。

2つ目は、生産者を含めた食産業のあらゆるステージで、野菜ソムリエ協会の修了生が活躍すること。

この2つが達成された時、野菜ソムリエ協会の権威と信頼性が確立されたとする、と定義づけたわけです。これを僕は「成功の定義づけ」と呼んでいます。

ここで重要なことは、定義づけの内容が正しいか正しくないかではなく、「定義づけること」です。

たとえば僕は、「野菜やくだものに関しての何らかの報道がなされる時、必ず野菜ソムリエ協会に問い合わせがある」状態が、権威と信頼性の確立に成功したと、1つ定義づけました。

今、世の中にマスコミが100社あるとします。5年後に100社すべてから問い合わせがある状況にするためには、3年後には少なくとも30〜50社からは問い合わせがないと難しい。3年後に30〜50社から問い合わせがくるためには、1年後には10〜20社から問い合わせがこないと厳しい。では、半年後は？　3か月後は？　来月は？　来週はどうなっていなくてはいけないのだろうか？　そう考えていくと、「今日の9時から17時まではこの仕事をしよう」と、目標達成に向けて、日々の仕事を落とし込むことができるのです。

成功の定義づけができれば、目標をしっかりと見据えて、達成のための手段が把握できる。進むべき方向性が分かり、正しい判断ができ、さらに、日々の業務や自分のあるべき姿も明確になっていく。

だからこそ、「定義づけること」が大切なのです。

しかし実は、多くのビジネスマンにはこの部分が不明確な人が多いように感じています。

「どこか海外に行って、異文化に触れる」ことを目標にしていても、行き先が分からなければ、東京駅にいる自分はどこへ向かえばいいのか分からない。でも、「ニューヨークのブロードウェイでミュージカルを見る」という明確な目標があれば、東京駅から成田空港に向かい、飛行機でニューヨークへ飛ぶことができる。大目標、中目標を立て、成功の定義づけをすることで、迷うことなくより真っすぐに進むことができるのです。

でも、「こうなりたい」という想いがなければ成功の定義づけはできません。「想ったからといって、それが実現できるという保証はないじゃないか」と思われるかもしれません。でも、想わなかったら永遠にそうはならない。だから、まずは「想う」「成功した自分を想い描く」ことから始まるのです。

この考え方は、企業が成功するだけでなく、個人が幸せな人生を歩むためのカギであるとも思います。

野菜ソムリエ協会を立ち上げて3年目、一通の手紙が届きました。差出人は、札幌の修了生です。

実は彼女には聴覚障害があり、「ジュニア野菜ソムリエの講座にボランティアの速記者を同席させてもいいか」という問い合わせを受けていたので、僕もよく覚えていました。今でこそ、野菜ソムリエの講座では身体に障害がある方の受講も多いのですが、当時は初めてのケースで僕たちも戸惑《とまど》った部分もありました。しかし、速記者同席の上で受講した彼女は無事、ジュニア野菜ソムリエの資格を取得されました。

手紙が届いたのは、その直後のことでした。そこには、こう綴《つづ》られていました。

「資格を取得したことで、大好きな北海道の大地の恵みである野菜やくだものの素晴らしさについて、多くの人に伝えることができるようになりました。聴覚障害を持って生まれた私の人生は、人からサポートされる人生でした。でもこれからは、人をサポートできる人生に変わるのです。野菜ソムリエの資格をつくってくださって、本当にありがとうございました」
僕は、誰かの人生を変えようと野菜ソムリエをつくったわけではありません。でも、僕が意図した設定や目標とはまったく関係のないところで、多くの方々の人生に影響を与えている。ありがたいと思う半面、野菜ソムリエ協会の社会的な意義や責任について、強く意識させられるようになりました。

2009年には、資格取得者2万人達成記念のパーティを行いました。最後の挨拶の時、僕は珍しく涙ぐんでしまいました。きっと周りは、資格取得者2万人を達成したことに感動したのだと思ったことでしょう。

でも、実は違いました。その日、パーティの料理の食材を提供してくださった生産者の方が来てくれていたのですが、60代のある女性はこんな話をしてくれたのです。
「農家に嫁いで35年、どうしてこんなところに嫁いできたんだろうとばかり思っていました。農業に対してもネガティブな思いしかありませんでした。それが、野菜ソムリエという素晴らしい人々の集まりで、自分たちが作った野菜を食べていただけて、本当にうれしい。辛《つら》いことも多かったけれど、35年間続けてきて本当によかったと思います」

野菜ソムリエ協会がきっかけで、彼女が35年もの間抱え続けていた「なぜこんなことをしているんだろう」という思いを、一日にしてポジティブな思いに変えることができた。僕たちの組織が提供している価値や社会における存在意義は、僕らが思っている以上に変わってきていることを改めて実感しました。一人一人の幸せに貢献することができる組織に変わってきている。その喜びと手応えと、少しずつ自分たちの理念に近づきつつある実感は、僕にとっても大きな喜びでした。

僕個人の幸せの定義づけは、「人に喜んでもらえること」です。幸せの定義づけがあれば、真っすぐに前に進んで行ける。人生においてもないものねだりをして悩むこともなく、納得して人生を送っていけるような気もします。

権威と信頼性の確立

「権威と信頼性」について、もう少しお話しさせてください。権威と信頼性のあるものというのは、その個人や組織が発した情報を、僕たちが無意識に納得させられる、信用できる、ということだと思います。それはたとえば国や行政。日経新聞や朝日新聞などの新聞をはじめとするマスコミ。大学なら東京大学や京都大学、海外ならハーバード大学。ほかにも国連、ノーベル賞、ピュリッツァー賞、アカデミー賞、ミシュラン、ギネスブック……。

これらはすべて、ある一定以上のレベルをクリアしているものだと思います。そして、権威あるものを挙げるうちに、いくつかのグループに分けられることに気づきました。

それは、国、大学、欧米、マスコミの4つです。

僕はこれら4つの力を借りることで、野菜ソムリエ協会の権威と信頼性を確立しようと考えました。

まず、圧倒的な権威と信頼性で言えば、「国や行政」です。日本にはもともと、「泣く子と地頭には勝てない」という言葉もあり、江戸時代以降の「お上意識」は今も根強く残っています。

僕が受け持つ野菜ソムリエの講義で、「絶対的に1万円の価値があると思うものを挙げてください」と尋ねることがあります。星付きレストランのコース料理、宮崎のマンゴーなど、さまざまな意見が挙がりますが、僕の答えは「1万円札」です。1万円札は、言ってみればただの紙切れです。しかし、人はこのお札に1万円の価値があると思う。なぜなら、「この紙には1万円の価値がありますよ」と、明日にはなくなってしまうような国ではない、先進国の政府が保証しているからです。お札には、国の権威と信頼性が最もよく表れていると思います。

一時期ニュースを賑わせた日本漢字能力検定協会も、文部科学省の公益法人となり、学校でも採用されること――つまり、国の権威と信頼を借りることで受講生が一気に増えていきました。

僕は、同じように野菜ソムリエ協会が農林水産省の外郭団体になる道を考えました。実際にそういう話を持ってきてくれる人もいたのですが、よく考えると、官の影響下に入ることはメリットとデメリットが背中合わせでした。僕は別に資格ビジネスをやりたいわけではありません。ゴールに設定しているのは「農業を次世代に継承すること」と「食を日常的に楽しめる社会をつくる」ことです。農林水産省の外郭団体になれば経済的には安定できるというメリットがありますが、僕たちの目指す方向性で考えれば、ある面では現状の農業体制を否定することにもなるわけですから、一緒にやっていくのは正直、難しい。それに、協会は活発に新陳代謝しながら進化していきたい新しい協会。役所の業務スピードの遅さには耐えられないだろうと考えました。

次に「大学」。これは前に触れた「東京大学の政治学の教授」の例です。誰一人としてその教授に会ったこともなければ、その人となりも研究内容も知らないけれど、「東京大学の教授」という肩書きだけで、彼が発表した論文に対して信用できる気がする。これが東京大学ではなく、創立されたばかりで誰も聞いたことのないような大学の教授だったら、たとえ同じ教授だとしても、そのようにはいかないでしょう。社会は、ある一定レベル以上のものに対しては権威が認められ、そこが発する情報は無意識に信じる傾向がある。

そこで、僕も大学に権威を借りようと考え何度か働きかけましたが、話はなかなか進展しませんでした。それもごもっとも。どこの馬の骨とも分からない団体とは手を組めなくてあたり前です。それに、一定レベル以上の大学ならその手の話は引く手数多《あまた》です。結局、僕たちを受け入れてくれる大学はありませんでした。

ならば「欧米」。余談ですが、ワインのソムリエ資格取得者は日本人が一番多いということにはちょっと驚いてしまいます。日本はワインの消費量は世界全体の何十分の一にもかかわらず、ソムリエの数だけは世界一。昔から「舶来」という言葉もあるし、ある種のコンプレックスの裏返しとして、日本人は欧米の文化にエスプリを感じているのかもしれません。実際、スローフードもフードマイレージもロハスも、すべて欧米発祥のものです。ギネスブックに載った、モンドセレクションを受賞したと聞くと、なんとなく「すごいな」と感じてしまう。その賞や団体がどんなもので、世界中でどれくらい認知されていて、どれだけの人が認定されていて、そこにはどんな権威があるのか、ということを知らなくてもありがたがる。なぜなら、それが「欧米発」のものだからです。

というわけで、欧米という権威を借りるべく、海外の野菜ソムリエ的な存在や団体を探したのですが、見つけられませんでした。

最後の砦《とりで》が「マスコミ」。先述のように、権威と信頼性の確立のために、僕は「野菜やくだものに関する報道がある時には必ず野菜ソムリエ協会に問い合わせがあること」を定義づけました。そのためにも、少しでも露出を増やそうと、協会設立時から広報担当者を置き、パブリシティ活動に重点を置きました。とはいえ、予算もないので広告なんて打てません。地道にリリース資料を届け、情報発信していきました。会社案内やウェブサイトでも、メディア掲載情報は早くから紹介しました。誰にも知られていない団体であるからこそ、信念を持ってやっているということを自ら伝えていかなければならなかったのです。

その一環として、僕を含め、社員の見た目にも気を使いました。トップとしてはどう見られるべきか、スタッフの好感度を上げるにはどうすればいいか。まずはきちんとしている協会だと見られるためにも、髪型、服装、言葉遣いにも気を使いました。社員の見た目もすべて、野菜ソムリエ協会のプレゼンテーションになるからです。

特別にすごいことをしていたわけではない。どれもあたり前のことです。

ではなぜ、野菜ソムリエ協会は一定の権威と信頼性を確立できたのか。

それは先述のとおり、「僕たちがそうしようと思ったから」なのです。権威づけをするには何げなく、なんとなく、ではダメなのです。

コンビニ弁当でだって、伝えたい

野菜ソムリエ協会が少しずつ認知されてくると、企業とのコラボレーションで商品開発をしないかという話がくるようになりました。

協会設立間もない頃、ある企業とのコラボレーションの話が持ち上がりました。そこでこう言われたのです。

「できたばかりのおたくの協会の名前がうちの商品に入って露出できるのだから、協力費はタダでもいいでしょう」

結局、その企業とのコラボレーションはお断りしました。

そこで気づいたのは、僕たちの社会におけるポジショニングや評価で企業は提供する商品の価値が変わりますが、それは僕たち協会側にとってもそうだということです。

権威と信頼性を確立するためには、企業と協同することは効果があります。まずは自分たちよりも権威のあるところ、目指すブランドイメージを持っているところとコラボレーションすることで同列になることです。何げなく、なんとなくでは権威は得られません。

野菜ソムリエ協会でいえば、食育に熱心な有名シェフとイベントを行ったこともありました。野菜ソムリエにとって、最も身近で活用しやすい権威は野菜ソムリエ協会です。彼らには、もっと僕ら協会を上手《うま》く使ってもらえればと思っています。

しかし、コラボレーションする際には気をつけなければならないこともあります。ある程度我々の認知度や社会的な立場が高まってから行うならともかく、それ以前の場合、コラボレーションする相手の「色付き」と見られるリスクもあるからです。オリンピックやFIFAのオフィシャルスポンサーであれば色眼鏡で見られることも少ないかもしれませんが、一つの企業や団体とコラボレーションする場合は「あそことやってる会社だよね」と、相手のイメージがつきやすくなります。つまり、ブランド価値が自分たちよりも高いところとビジネスをする場合、彼らのブランド価値に吸収されてしまうことがあるのです。

だから、僕たちはある一定以上の立場になるまでは、コラボレーションはやらないほうがいいのだと考えました。

企業とのコラボレーションを始めたのは設立5年目ぐらいと、だいぶ後になってからです。その頃には、野菜ソムリエ協会のブランド価値もある程度確立されつつありました。

ある時、某コンビニと野菜ソムリエで弁当のレシピを考えることになりました。

その時、ある人は僕にこう言いました。

「食の大切さを訴えかけている野菜ソムリエ協会なのに、なぜ、その対極にあるようなコンビニと手を組むんですか」

確かに、保存料などの添加物を使わざるをえないものもあり、野菜ソムリエ協会内でも異論はありました。野菜ソムリエ協会に裏切られたという声もよく聞かれました。

そのたびに、僕はこう答えました。

「コンビニ弁当はよくないと言い続けていれば、コンビニ弁当がよくなるのでしょうか」

コンビニ弁当を悪だと切り捨ててしまうのは簡単です。しかし今の時代、コンビニ弁当は日本で消費される食料の一定の比重を持っています。食べている人が多いからこそ、コンビニ弁当が少しでも変われば、人々の食への意識にも変化をもたらすかもしれません。コンビニ弁当を食べるなというのは簡単ですが、食べている人に食べるなと言っても、「じゃあ、どうすればいいんだ」となるでしょう。なかには忙しくてコンビニ弁当しか食べられない人もいるはずです。僕は全否定するのではなく、「どうせならこっちの弁当がいいな」と思ってもらえるものを提供したい。それが、現実的なやり方だと思うのです。悪い、ダメだということを何百回と言うことで改善されるならいいのですが、それでは何も変わりません。本当に変えるなら、いきなり100点満点はとれなくても、少しずつ理想に近づけるほうがいいのではないかと思っています。

それに、ダメだと切り捨てるのは楽だし気持ちがいいかもしれませんが、それをやっている以上はムーブメントにはなりません。僕は、食事は三食コンビニやファストフードが中心というような人々にも、気づきを提供したい。100人中、99人は気づかないかもしれませんが、気づいた1人にとっては何かが変わるかもしれないのですから。

コンビニだからダメというのではなく、常に何のためにやっているかを意識すれば、答えは見えてくると思います。

第三章　かまぼこ屋に生まれて

親父の背中

僕は、京都でかまぼこ屋を営む家に生まれました。

幼稚園に通い始める頃から、毎朝3時には起きていました。というより、親父《おやじ》にたたき起こされるのです。市場へ仕入れに行く親父のお供をするためです。

すぐに着替えをすませ、眠い目をこすりながら、まだ真っ暗で人気《ひとけ》のない道を市場へと向かいます。

夏はまだしも、冬の京都の夜明け前は底冷えがして本当に寒かった。車の暖房が効くまでの間、寒さに耐えながら、「今、世界中で起きているのは僕たちだけかもしれない……」なんてことをぼんやり考えていると、一気に現実に引き戻される瞬間が来ます。

行き交うトラックの音、威勢のいいかけ声、飛び交う怒号。

京都の中央卸売市場はいつも、夜明け前から活気にあふれていました。

親父の仕入れに付き合わされることに疑問は感じていませんでした。むしろ、それがあたり前のことのようにおとなしく親父の背中について行っていました。

小学校入学。自宅の庭で撮影。

「福井さんとこに買われれば魚も幸せや」

「とびっきり旨いかまぼこに生まれ変わるで」

威勢のいい会話が飛び交う中、親父がその日に作るかまぼこの材料をてきぱきと仕入れていきます。

男たちが競り落とされたばかりの魚を大八車に載せて、場内を猛スピードで走る。チビだった僕の目の高さには、新鮮な魚が裸電球の光を受けて美しく輝いていました。鼻腔をくすぐる魚の匂い。長靴にねじり鉢巻のたくましい男たち。市場の光景は、僕の脳裏に今も鮮明に焼き付いています。

9人兄妹の5番目だった親父は、兄たちが一流企業に就職する中で、子どもの頃から食品加工業者に丁稚《でっち》奉公しながら商売を学び、裸一貫でかまぼこ屋を立ち上げた苦労人でした。親父が僕を仕入れに付き合わせたのは、長男であり、将来の後継ぎになるであろう僕に、自分の目利きや物作り、商売のすべてを肌身で感じてほしかったのだと思います。市場通いは小学校に入学するまで続き、その頃には、かまぼこの加工場にも連れて行かれるようになっていました。

僕は、親父の背中をずっと見て育ったのです。

今でこそ社長業をやっている僕ですが、子どもの頃は内気で引っ込み思案でした。気弱で泣くことも多かった。そんな時は必ず、親父の容赦なき拳《こぶし》の制裁が待っていました。

「男が泣くもんじゃない！」

部屋を散らかした時も然り。見かねた母が、親父が帰ってくる時間になると部屋を片付けさせるようになりました。親父は家に帰る時、母に電話を入れるのが習慣だったので、その時間を見計らって大急ぎで片付けます。

とにかく厳しかった親父が、最も恐ろしい鬼の形相になるのが食事時でした。ある時、家族揃《そろ》って出かけたホテルのレストランで洋食を注文しました。出てきたカレーライスに僕がソースをかけようとした瞬間、雷が落ちました。

「一口食べてから、（ソースを）かけろ！」

味をみて、足りなければソースをかけるのが料理人に対する礼儀だというのです。料理人への尊敬がない行為やアンチ・マナーについては徹底的に怒られました。「なにも人前で怒鳴らなくてもいいのに」と思いながらも、親父の正義の前で僕はなすすべもなく、ただ謝るだけでした。

厳然たる家長としての威厳と存在感を放っていた親父は、日本の食文化や、自らの食に対するこだわりなど、一切合切を僕に伝えようとしていたように思います。

たとえば、正月。元旦は必ず親父から風呂に入り、僕、弟と順番に入る。風呂から上がると、まっさらの下着を身につけ服を着る。着替えがすむと、食卓の上座から親父、僕、弟の順に座り、母がおせち料理を出す。そこから延々と、毎年恒例の親父によるおせち解説が始まります。

黒豆はまめに働き、まめに暮らせるように。数の子は子だくさんに恵まれるように。海老は腰が曲がるまで長生きできるように。蓮根は先を見通せる先見性のある一年になるように。栗金団《くりきんとん》の黄金のようにお金が貯《た》まるように。

おせち料理という日本の食文化の集大成を一通り説明し終わると、親父が箸袋に家族の名前を書き、尾頭付きの鯛の塩焼きに形だけ箸をつけます。そこで初めて、僕たちはその年最初の食事を始められました。

コンビニもなく、正月に開いている店もない時代、おせち料理は、母が正月三が日を休めるための保存料理として存在していました。母が作るのは野菜中心の昔ながらのおせち料理でしたが、正直、僕が食べたいと思うものは栗金団ぐらいでした。

週に一度は必ず外食をしていました。家族揃っての外食では母が「行ったことのない料亭はない」と言うくらい、京都市中の料亭や飯処《めしどころ》に連れて行かれたようです。というのも、僕の中ではあまり記憶にありません。京風に品よく味つけされた懐石料理は、子どもには薄味すぎてほとんど印象に残っていないのです。

唯一覚えているのは、１３０年以上の伝統を誇る老舗《しにせ》『三嶋亭』のすき焼き。古い町家の暖簾《のれん》をくぐると、中庭のある座敷に通されます。仲居さんが、電熱器の上で充分に温められた鉄鍋に砂糖を広げ、その上にツヤのある霜降り肉を並べ、割下をかけて手際よく焼いていきます。香ばしさをまとった肉の旨かったこと。箸が進むままに夢中で食べました。

寿司屋にもよく連れて行かれました。親父は、子どもの僕にマグロやコハダやウニ、アワビの握りを食べさせるのです。かっぱ巻やかんぴょう巻は、「寿司とは言わない」と食べさせてくれませんでした。

親父の好物はトロ。ほかのネタには見向きもせずにトロばかりを注文するので、よく大将とけんかになるのですが、トロを巡る格闘のそばで、僕は淡々と寿司を食べ続けていました。

昔から、「舌は三代」と言います。一代で財を成した人がいくら高級料理を食べても、本当の意味でその美味しさを味わうことはできない。人の舌の感覚は子どもの頃から食べたものに影響されるから、本当の美味しさを味わい、旨いものの目利きになるには、子どもの頃からそういった味に親しんでおくことが必要です。加えて、親の食の好みも子どもに影響することを考えれば、結局、舌が肥えるには三世代はかかると言われてきました。

自分で商売を起こした親父は、息子の舌もつくらないといけない、自分の食に対するこだわりや舌の感受性を伝えなくてはという義務感があったのだと思います。おかげで、子どもにしては贅沢な食生活でした。当時の僕の舌では、親父が食べさせてくれる料理の旨さは半分も分からなかったと思うのですが、あの頃食べた味、その店の雰囲気、大将たちとのやりとりは、確実に僕の食の原体験になっています。

飲食店を経営していた母も味にはこだわりがあり、かやくご飯は本当に美味しかった。鯖《さば》の煮付けにいたっては、これさえあればご飯がいくらでも食べられました。一人でおひつのご飯を食べきったこともあるほどです。

週に1度の鉄板焼きの日には、母は肉を何キロも買い込んできます。それを、親父、僕、弟の3人でぺろっとたいらげる。その後、母はいつも、お好み焼きを作ってくれました。小麦粉を溶いただしを鉄板で広げ、ネギやキャベツを載せて焼いた「一銭洋食」の味は格別でした。

そんな食生活のおかげで、お察しのとおり、僕はいわゆる肥満児でした。子どもの頃、もっと別の食生活を送っていたら今の丸みを帯びた体形にはならなかったかもしれない……と、時々、じっと手を見ています。

無意識のマーケティング

親父は毎日誰よりも早く出勤し、職場を離れるのは決まって最後。食事も従業員に先にとらせ、社長である自分は最後でした。

「おはようございます。今日も一日よろしくお願いします」

「ご苦労さん。明日もまた元気で頼みます」

従業員への挨拶やねぎらいは欠かさなかった親父。

子どもながらに、親父はみんなの親みたいだと思っていました。従業員も自分の家族のように思いやるのがトップに立つものの真の姿かもしれないと幼心に感じたように思います。

親父からは、食だけでなく、多くのことを教わりました。なかでも、ビジネスマンとしての今の僕の元にもなっている2つの教えがあります。

1つは、「無意識のマーケティング」です。

時々、親父と二人で電車に乗ることがありました。そんな時、小学1年生の僕に「前に座っている人たちの職業を考えてみろ」と言うのです。

「今、この時間帯に電車に乗っているということは、どんな職業だと思うか？　分からなければ、髪型、服装、持っている鞄、靴を見て考えてみなさい。容姿や持ち物にはさまざまな情報があるものだ。ぼんやりしている人と、常に無意識に情報を拾える人とでは、1年、5年、10年経《た》った時に、情報量に格段の差が出てくるものだ」

僕は、電車の揺れに身をまかせて居眠りなんてしてみたい、ぼんやりと空想の世界にふけってみたいという想いを抑えながら、必死で前に座っている見ず知らずの大人のことを考えました。

電車の中の観察における親父の教えは、「観察して情報収集し、気づいたことを分析して仮説を立てろ」ということでした。

たとえば、電車でよく一緒になる男性がいるとします。観察すると、彼はいつもシックな色のセンスのいい服で、たいていグレーのシャツを着ている。そういえば、この間も同じシャツを着ていた。そこから、きっとグレーが好きなんだと分析できます。そして、原色系よりモノトーン系が好きで、お洒落だからもしかしたらファッション系の仕事の人かもしれない……と、仮説が立てられるわけです。

ここで大切なのは、「仮説を立てること」です。もちろん、本当の答えは聞かない限り分かりません。しかし、観察して情報を集め、それを分析し、自分なりの仮説を立てることはまさにマーケティング。それをやっている人とそうでない人とでは、数年後の観察力、情報収集力、分析力、そして仮説力に大きな差が出る。つまり、マーケティング力に差がつくというわけです。だからこそ、無意識的にマーケティングができるように、電車の中で訓練をしろと親父は言っていたのでしょう。

もう1つの教えは、「好奇心を持って観察しろ」ということです。

たとえば、友達の家に行った時は、「まず、玄関を入った瞬間にどんなものが置いてあるのか、好奇心を持って見てみなさい。しかも、〝一瞬〟で」と言うのです。

言われたとおりにすると、庭の犬小屋、玄関先に置かれたゴルフバッグ、壁に飾られた絵……と、その家に関するさまざまな情報が飛び込んできました。そこから、住人の趣味が見えてきます。

そして、その気づきを会話に盛り込んでみる。「犬がお好きなんですか？」「ゴルフをされるんですね」という話題を盛り込むことで、相手は「自分に興味を持ってもらえている」と感じ、ぐっと距離も近くなります。友達の家、街を歩いている時、喫茶店でお茶をしている時など、いつ何時も「好奇心を持って観察する」ことは、コミュニケーション力につながるという教えでした。

「重要なのは、そこで得た記憶の正確さではなく、その人に対して興味を持つことだ。相手の情報をより多く集めることで、よりスムーズで柔軟にコミュニケーションがとれるようになる。人は、自分に興味を持っている人にはオープンマインドになれるものだ。人の心の動きを分からずして、何かをなすことはできない。だからこそ、細やかな観察力が必要なのだ」

子どもの頃からそう言われ続けたおかげで、今では意識してチェックしなくてもたくさんの情報や光景を無意識に記憶できるようになりました。

時々、一緒に歩いている社員に「さっきすれ違った人だけど……」と話すと、「そんな人、いました？」と聞き返されることがよくあります。といっても、僕は道行く人のことを常に真剣に考えているわけではなく、無意識に見ている情報が頭にインプットされているだけ。きっと、「さっき通り過ぎた家の色は？」と聞かれたら、答えられる自信があります。

叩き上げの経営者だった親父は、後継ぎである僕に、商売の世界で生き抜くための処世術として、この2つのことを徹底的に叩き込んだのでしょう。

このことは、今も僕の大きな支えとなっています。

ちょっとダメな青春時代

子どもの頃、僕は引っ込み思案でした。それは、「人に嫌われたくない」という八方美人的な性格だったがゆえでしょう。そのわりには理屈っぽい性格で、誰に対しても常に「何で？　どうして？」が口癖でした。

気になることがあると、とにかくその場で、周りにいる人に聞く。自分で調べてみるなんてことはほとんどありませんでした。

自慢ではありませんが、大学生になるまでほとんど本を読んでいません。二宮金次郎や野口英世といった伝記もの、『宝島』や『十五少年漂流記』のような少年少女なら誰でも読むような冒険ものを読むことも、思春期に、少年から大人の階段を上る途中で「自分とは誰なのだ？」という壁にぶち当たり、哲学書を読みあさるということも一切なかったのです。

活字への興味ゼロ。毎日、テレビばかり見ていました。試験勉強はだいたい「一夜漬け」です。コツコツ勉強したこともなければ、宿題も最低限のことのみ。それでも、中学まではそこそこの成績をとれていました。

それが、高校で進学校に進むとまったく追いつけなくなりました。成績は学年でもだいぶ後ろのほう。ところが幸か不幸か、両親は僕の成績に対して何も言いませんでした。それどころか、「勉強が嫌なら大学は無理して行かんでええよ」とまで言ってくれる始末。親からすれば、そう言ったほうが勉強するだろうという思いがあったのでしょう。

僕自身、勉強ができないことに関するコンプレックスはほとんどありませんでした。そもそも、「勉強」という2文字が僕の中の優先順位にまったく入っていなかったので、成績が悪くても特に落ち込むことはなかったのです。

それよりも僕を悩ませていたのは、身長が低いことでした。

中学ではバレーボール部に所属しているのにもかかわらず、身長は一向に伸びない。チビなままだから、ネット上からのダイナミックなアタックもいま一つだし、ブロックも納得のいく高さでできない。背を伸ばすためにさまざまなことを試みましたが、たいした成果は得られませんでした。

子どもの頃に成長ホルモンが一番分泌されるのは夜の11時から午前2時だと言います。僕は毎日2〜3時には起こされて市場に通っていたから、成長ホルモンの分泌が人よりも足りなかったのがチビの原因なんじゃないだろうか……。

もう一つ、10代の頃の関心事といえば、やはり「いかにしてモテるか」。男子校で女の子との接点がまったくなかっただけに、女の子への憧れは募っていました。

だから、夏休みに予備校の夏期講習の教室に入った時は、うれしくて飛び上がりそうになりました。同じ教室に女の子がいたからです。

勉強もせず、身長を伸ばすことと、女の子にモテることだけを考えているという、本当にどこにでもいる普通の、いや、ちょっとダメな青春時代でした。

商売を科学する人になる

中学1年の時に母と弟と3人で観に行った映画『不毛地帯』で、初めて「商社マン」という存在を知りました。高度経済成長下で、商社マンは花形職業でした。商社マンは国の発展のために世界を飛び回り、彼らが国を動かしているといっても過言ではないような、憧れにも似た気持ちを抱いていました。その直後、ロッキード事件が起きました。アメリカの航空機製造大手のロッキード社が、旅客機の受注をめぐって起こした世界的な汚職事件。日本、アメリカ、オランダなど、多くの国の政財界を巻き込んだ巨額の汚職事件は、日本では当時の田中角栄首相が受託収賄《しゅうわい》などの罪で逮捕されるという、戦後最大の疑獄事件に発展しました。

中学3年の時には、ダグラス・グラマン事件が明るみに出ました。日米間の戦闘機購入に絡んだ汚職事件です。

この2つの事件を通して、商社マンに対するイメージは変わりました。

パリッとしたトレンチコートを着て、アタッシェケースを持ち、颯爽《さっそう》と世界を飛び回るスマートでかっこいい大人だったはずが、2つの事件を通して、商社＝悪というイメージがインプットされたのです。時代劇で言うなら、「越後屋、おまえも悪よのう」の越後屋ばりの悪役です。

しかし、僕はその商社マンを目指すようになります。

高校生になると、僕は「親父を超えたい。親父に勝ちたい」と考えるようになりました。思春期特有の自信過剰からなのか、「僕は親父の上を行く人間だ」と根拠なく思い込んでもいました。しかしやがて、超えるためには同じ土俵を目指してはダメだと気づくことになります。

親父はすべてにおいて、「勘と経験」の人でした。

勘と経験の親父には、いつまでたっても追いつけません。すでに、親父と僕の間には経験だけでも30年の差がある。僕が10年経験を積むと、親父にも10年の経験が上乗せされます。いつまでたっても、同じ土俵にすら立てません。真っ向勝負での勝算はゼロです。

親父を超えるには、彼と同じことだけをやっていては絶対に無理です。同じ土俵で勝てないのなら、親父とは違う土俵で新しいことにチャレンジするよりほかありません。

親父が「勘と経験」の人なら、僕は「商売を科学する人」になろうと考えました。データを元にしたビジネス——今でいうマーケティング——を学び、その分野で成功して親父を超えてやる。これなら、親父はやっていないことだから、彼を超えることができるはずだ。

当時、純粋にマーケティングがやりたかったわけではなかったと思うし、そんな言葉は当然知らなかったと思います。むしろ、親父への当てつけと反発が、僕に、商売を科学する道へと舵《かじ》を切らせたのです。

商社マンになろう。

進学校に進んだ僕は、それまでは漠然と「大学には行くだろうな」と考えてはいましたが、そこに特別な目的があるわけではありませんでした。「皆が行くから僕も」くらいの気持ちでした。しかし、「商売を科学する」と決めてから初めて、そのために大学に行きたいと考えるようになりました。

商売を科学する第一歩として、僕は大学の経営学部に入学しました。

大学に進学したはいいけれど、授業はゼミ以外はほとんど出席しませんでした。毎日昼頃起きて、午後2時頃、授業を終えて帰る友人とすれ違いながら大学へ。ソフトボール部で練習に明け暮れ、終われば深夜まで麻雀大会。典型的なダメ大学生です。大学4年生で就職活動を始める頃には、ギリギリ卒業できるかできないかの成績にさすがに焦《あせ》りが出ました。

商社マンになるという漠然とした想いだけはありましたが、実際のところ、商社がどういうところなのかまったく分かりませんでした。

その頃から、人生で初めて本を読み始めました。

最初に読んだのが、城山三郎の『毎日が日曜日』。東京の一流商社に勤務し、国内外を飛び回り、典型的な企業戦士として前線で活躍してきた主人公が、ある日突然、左遷されるところから始まる人間ドラマです。商社という業態、そこで働く人々のようすに自分の将来を重ね合わせながら読みました。同時に、世の中を動かす商社という存在は改めて新鮮でした。

それ以降、山崎豊子、高杉良、堺屋太一、江波戸哲夫など、書店で見つけた経済小説を読みあさりました。

就職活動では、最初から商社に照準を合わせていました。

日商岩井を希望したのは、ある時、「若い社員にも仕事をまかせてくれる会社だ」と聞いたことがあったからです。それだけでなんとなく「いい会社かもしれない」と感じていました。特別に思い入れがあったわけではなく、直感でした。

志望動機や情熱はさておき、とにかく商社に入ることしか頭になかったのですが、ある先輩に、「就職活動は、企業に正面から入って正々堂々と情報収集ができるチャンス。こんな機会は一生ないから、多くの業種を回ったほうがいいんじゃないか」と言われて納得し、それからメーカーや銀行などさまざまな企業で話を聞いて回りました。たいした会社研究もせずに面接を受け、とんちんかんな回答をしたことも多かったのですが、それでも受けたほぼ全社から、内定をもらえました。

一つには、成績優秀・品行方正な学生にはない、バイタリティを買われたのかもしれません。

もう一つ、心当たりがあるとすれば、僕が正々堂々と勝負をしていたからかもしれません。

実は、内定ラッシュの前に、唯一、最初に面接を受けた1社にだけ最終面接で落とされました。

なぜ、落とされたのか。それはきっと、僕が嘘をついていたからです。

最終面接で、「第一志望は当社ですか」と聞かれた僕は、「そうです！」とはりきって答えました。もちろん、大嘘。第一志望は商社と決めていたから、「そうです」と言いながらも、なんとなく違和感がぬぐえませんでした。平然と嘘をつき通せる度胸なんてなく、嘘だから、受け答えにも説得力がない。22歳の若造がいくら取り繕《つくろ》っても、嘘は簡単に見抜かれたはずです。

それ以降の面接では、本当のことを言おうと決めました。それ以降、「第一志望は？」と聞かれれば、たとえ相手が商社でなくとも、「商社です」と正直に答えるようにしたのです。

そのおかげかどうかは分かりませんが、それ以降、内定の嵐でした。

果たして、面接で正直に本心をさらけ出したことがよかったかどうかも分かりません。現代のような不況下で、求人も激減している今の時代にこの手が通用するとも限りません。しかし当時は、嘘で取り繕うことなく、正々堂々と勝負したから結果がついてきたような気がします。ちなみに、今も嘘をつくとすぐバレてしまいます。

とにもかくにも、僕は第一志望の日商岩井の採用通知を手にして、「商売を科学する」道を歩き始めました。

第四章　日商岩井食品部食品3課

憧れの商社マンになった

大学卒業後、日商岩井に入社した僕は、晴れて念願の商社マンになりました。

その年、日商岩井は「入社したい企業ランキング」の11位でした。全国から優秀と言われる学生が集まり、洗練された（ように見えた）組織にはスタープレイヤーが大勢いました。給料もよかったです。ここで仕事ができることが本当にうれしかった、その高揚感は今でも覚えています。

「良い企業」とは、「利益を出す企業」。当時それは、疑う余地のない事実でした。どの企業も法律を守るという前提の中で最大限の利益を上げることが重要でしたが、日商岩井は特に利益至上主義が強かったように思います。

一に利益、二に利益。とにかく利益を上げられる社員になろう。

そして、いつか必ずこの会社の社長になってやる。

入社後、1か月の新入社員研修の間も燃えたぎる情熱と野望はとどまるところを知らず、やる気に満ち満ちていました。頭の中の未来の自分は国内外を颯爽と飛び回り、大きな商談を次々とまとめていくスーパービジネスマン……。ところが、記念すべき初仕事は、給湯室でコーヒーカップを洗うことでした。

新入社員研修の後に配属されたのは「食品部食品3課」。海外からコーヒーの生豆を輸入し、国内のメーカーや卸に販売する業務を主とする部署です。

コーヒー課ともいわれるだけあって、日々、コーヒー豆のテイスティングが行われていました。並べたカップにローストしたコーヒーを入れ、ペーパーを使わず直接お湯を注いで上澄みだけをテイスティングする。そのほうが雑味がなく、コーヒー豆の味がよく分かると言います。テイスティングが終わると、後に残るは空のコーヒーカップ。それを、新入社員の僕が給湯室で洗うわけです。

余談ですが、僕が商社マンに憧れた理由の一つは漫画にあります。

学生時代、『なぜか笑介』（聖日出夫作）という商社マンが主人公の漫画を愛読していました。総合商社「五井物産」に勤める三流大学出身の主人公・笑介は、失敗を繰り返しながらも、持ち前の明るく正直な性格も手伝ってか、なぜか大きな商談をまとめていく……というサラリーマン奮闘記。笑介と自分を重ねながら、商社マンになった自分を想像していました。

日商岩井新入社員の頃。

この笑介の所属が「食品部食品3課」だったのです。図らずも、配属先は笑介とまったく同じ名前の部署。もしかして僕の会社員人生は前途洋々かもなどと、大きすぎる期待を抱いていました。

バリバリの商社マンを目指していた身からすれば、コーヒーカップを洗うのは、正直、想定外の仕事。まだコーヒーの香りがたち上るカップを洗いながら、

「いつか社長になった時、『私の履歴書』（日本経済新聞朝刊の連載コラム）に絶対このネタを書いてやる！」

と、密《ひそ》かに企みました。

最初の1か月は、会議を録音したテープレコーダーの内容をまとめたり、膨大な資料をコピーしたり、言われた仕事をひたすらこなしていきました。

最初から営業の仕事をさせてもらえないことは分かってはいましたが、即戦力として早くも海外出張に出かけて行く同期の話を耳にすると、猛烈にうらやましく思いました。

そんな僕の気持ちを察してか、当時の部長が声をかけてくれました。

「福井くん、君は海外に出張している同期をうらやましいと思っているだろう。でも

後々、いい部署に配属されたと思うようになるよ」

「頑張ります」と言いながらも、内心「気休めだよな」と思っていました。

実際、僕は入社から3年は営業の仕事をさせてもらえなかったのです。それでも意気消沈しなかったのは、一つには目標があったからです。

あたり前は、あたり前じゃない

「会社にぶら下がりのサラリーマンはいやだ」

入社してからずっとそう思っていました。

どうしてそう思ったのか。商売をしていた親父の影響もあるかもしれません。グレーのスーツを着て、赤ちょうちんの飲み屋で酔っぱらいながら会社や上司の悪口を言うようなステレオタイプのサラリーマンはかっこ悪いし、そんな会社員には絶対になりたくありませんでした。会社から給料をもらってはいるけれど、食わせてもらっているわけじゃない。逆に、「僕が会社を食わせてやっている」くらいのことが言える社員でありたいと思っていました。会社に「雇ってやっている」と思われる存在には絶対になりたくなかったのです。

そのためにはどうすればいいのか。

答えは簡単。給料以上の利益を出せばいいのです。月給100万円の社員が毎月300万円の売り上げを上げていれば会社はペイできるし、給料泥棒とは思われない。

しかし、新入社員時代の僕を含めて、多くのサラリーマンは自分がもらっている給料ほどの価値を提供できていません。つまり、自分が会社や社会に提供している価値以上の給料を受け取っている。それがサラリーマンの実態です。だから突然、「辞めてくれ」と言われると慌てふためいてしまう。

僕はその構図が嫌でした。仮に今日、会社がなくなったとしても、自分で食べていけるだけの力を持てる人材になりたい。それこそが、「独立した、プロフェッショナルなビジネスパーソン」だと思うのです。

入社以来ずっと、「どうすれば〝独立したプロフェッショナルなビジネスパーソン〟になれるのか」を考え続けていました。自分がもらっている給料以上の利益を出さねばと必死でした。

しかし、どうしようもない実力の格差を自覚させられる日はすぐに来ました。

僕が新入社員の頃、日商岩井には「指導員制度」がありました。新卒で入社して最初の2年は先輩社員が指導員となり、マンツーマンで仕事を教えてくれるという、とてもありがたい制度です。

僕についてくれたのは40歳の先輩社員でした。

入社当時、僕は自分なりに英語力、OA機器の扱い、決断力、人間性など、自分のあらゆるスキルについて自己分析をしていました。自分としては、同期よりも1～2年上の先輩よりも、実力では多少上回っているんじゃないかと根拠のない自信を持っていたのです。

しかし、指導員の先輩には何一つかないませんでした。

新入社員というのは、会社組織においてはこんなにも価値がない存在なのだということを痛感したのです。

「知りません、分かりません」と言うと、「知らないことは恥だ。知れ！」と言われる。実際に、無知は恥であることを痛感する出来事も多くありました。

入社して1、2か月たったある日、僕は得意先に手形を取りに行きました。先方の社長が手形を渡してくれたら、受け取りの領収書を渡して帰ってくるというだけのことです。

　帰ろうとした矢先、得意先の社長に尋ねられました。

「ところで、日商岩井さんは、これからの為替動向をどう見ていますか」

　しどろもどろになりながらも、なんとか答えましたが、僕が何も知らないことをきっと彼は見抜いていたはずです。あの時は、本当に冷や汗をかきました。

　僕の中に、ついこの間まで大学生だったという甘えがあったことを実感しました。でも、つい数か月前まで大学生だったからといって、知らないことが許されるわけではない。なぜなら、周りからすれば、新入社員であろうがなかろうが、僕は日商岩井の会社員ということに代わりはないのですから。為替相場についての情報や考え、日本経済への洞察など、「答えられて当然」ということが求められる。会社の看板を背負っている一社員である以上、知らないことは恥であり、常に「外からの見られ方」を意識するようになりました。

　そんな意識改革がありながらも、しかし現実に、どうすれば、この実力の格差を埋められて、もらっている給料以上の利益が出せるのでしょうか。

　普通なら、「新入社員だし仕方ない」「小さなことからコツコツと」と、割り切るかもしれません。なにしろ、やっている仕事といえば、コーヒーカップを洗うという雑用ばかりでしたから。

でも僕は、「新人＝素人である」ということは、ある意味チャンスだとポジティブに考えました。

それ以来、指導員や先輩社員が仕事を指示するたびに、「なぜこのやり方をするのか？」「何のために行うのか？」と、いちいち自分で考えるようにしました。ただ言われた仕事をするのではなく、自分なりにその仕事の意味を理解して仕事をしたかったからですが、そうして質問攻めにしていると、「これは違うやり方のほうが合理的なのではないか」と思えることがたくさん見つかりました。エリートが集まるすごい組織である一方で、物事を本質的に見るようにすると、日々の業務の中に「これはおかしいんじゃないか」と思うことがたくさんあったのです。

仕事に慣れてくると、船会社の出航頻度を調べ、タンザニアからコーヒーを輸入する時の船の手配をしたり、現地での商品のパッキング方法を検討したりと、徐々に仕事を任されるようになりました。相変わらず細かい事務的な仕事ばかりが続いていましたが、そこにも「何で？」と思うことが多々ありました。

たとえば、毎月得意先に発行する請求書。コーヒーは先物相場がベースなので、取引する際も、「100グラム、100円」というふうに値段はつきません。「ロンドン、11月切り、マイナス5セント」という具合に設定し、それをキロ単位で円に換えて販売します。そのレート換算を、毎月末に僕と直属の先輩とで行うのですが、すべて手計算なので月末の土・日が必ずつぶれてしまう。残業代はつきましたがちっともうれしくありませんでした。文明の利器が次々に誕生している時代に、手計算することがとても非合理的に思えたのです。先輩に訴えても「そういうもんだ」の一言。

何で？　おかしくないか？

少年時代からの「何で？　どうして？」精神の本領発揮です。社内の情報通信室のような部署に掛け合い、コンピューター用の表計算ソフト「ロータス1-2-3」の仕組みを教えてもらいました。自分で関数を組んで為替などの情報を入力すると、一瞬でレート換算ができたのです。おかげで、休日出勤の頻度は減りました。

コーヒーをタンザニアの工場から日本まで輸送するルートも、間に何社も入っている業者を一つずつチェックすると意外と無駄が多いことに気づきました。当時はデリバリーが2週間ずれると金利や倉庫代がかなりかさんで経費が膨らんでいたのです。

そこで経費を節減できるデリバリーの仕組みを考え直し、提案しました。

そこで感じたことは、商社マンとして10年、20年も勤務している先輩があたり前に感じている業務や仕事の仕方は、新入社員の僕にとっては一つもあたり前ではないということです。つまり、彼らのやり方がすべて正しいというわけではないのかもしれない。生意気にもそう考えました。だったら、おかしいと思うことを一つずつ改善していこう。そんな地道な積み重ねで、僕は1年目で、コーヒーカップを洗いながらも数千万円単位で経費削減をしたと思います。

新入社員は稼げない。ましてや、まだ営業に出してもらえない僕は1円も利益を出せない。だったら、今できる中で利益を出していけばいい。営業に出なくても利益を出す方法はあるのです。言われた仕事を素直にやってさえいれば、それだけで評価されたと思います。しかも、先輩社員を「どうしてこのやり方を？」と質問攻めにし、現場を知らないくせに生意気にもコスト削減案をいくつも提案してくる、うっとうしい新入社員だったはずです。

それでも、まだ何の戦力にもならない新入社員の意見に耳を貸してくれたのは、一つには社風もあると思います。日商岩井は財閥系ではありません。非財閥系の商社だったからこそ、「こんなことをやっています」と対外的に声高にアピールしていく必要があったし、すべてにおいて〝創意工夫〟が必要でした。それは、若手の意見にも耳を貸し、若手にも大きな仕事を任せるという風通しのいい社風を生んでいました。

僕は1年目に、すでに自分の給料以上の利益を生み、「会社に貸しがある」と思うようになっていました。5年目を迎える頃には、自分が生む利益と給料のバランスから、「給料が安い」とも思うようになります。いい時代だったことも手伝って、20代後半で年収は1000万円ありました。おそらく、当時の食品業界の社長くらいの年収はあったと思います。

コーヒー課に蔓延《はびこ》る病に対処せよ

食品3課には5年ほどいました。最初の3年で輸入やデリバリー、決済関連の仕事を覚え、4年目からは営業を担当しました。

輸入した小麦粉を製粉メーカーに販売し、できた商品をまた海外に輸出する。生活者が買う商品に近いところで仕事ができる――。食品部の仕事にはそんなイメージがありました。

しかし、僕が配属されたコーヒー課の主力商品であるコーヒーは、ほぼ原料である一次産品で、先物取引される商材です。取引金額は、石油に次いで大きいとされていました。

当時、日本に輸入されるコーヒーの量は約30万トン。それを総合商社など約20社で買い付けます。

たとえば、ロンドン先物取引所で100円の相場が立つと、利益を出すためには105円で売りたい。しかし、現場では安売り合戦で98円、97円という値段でないと売れない。得意先と「半年後に98円で取引します」と約束しても、買い付け日の相場が100円であれば、その金額で買うしかありません。半年の間に相場が98円を下回らなければ商社に利益は出ない。先物取引はまさに博打《ばくち》です。そして、博打の世界で百戦百勝はありえません。総じて、負けが込みます。つまり、損失を出してしまうことになるのです。

当時、どの商社でもコーヒーの課長は「2年持てばいいほうだ」と言われていました。僕がいた約5年の間にも課長が3人代わりました。それほど厳しい世界でした。

僕は、インドネシアやタンザニアのコーヒーを担当していました。内勤時代は〝コストカッター〟として華々しい実績を重ねていた僕も、コーヒーの先物相場には怖くて手を出せませんでした。

僕にとって3人目の課長となったのは、指導員だった先輩でした。かなりのエリートで人望もあり、将来を嘱望されていた彼は、当時の最年少課長となりました。社内では「コーヒー課、最後のエース」と評されるほど期待され、彼の下で仕事ができるのはうれしかった。

しかし彼も、結果として思ったような利益を上げるまでには至りませんでした。

僕が、どんな分野においてもこの人には勝てないと尊敬していた人をもってしても難しい世界。おそらく、僕もこのままいけば課長になる。埋めようのない損失を出した責任をとらされ、クビを切られるかもしれない。ある意味、会社の犠牲になるかもしれない。昇進すれば自分の裁量で遂行できる仕事も増えるけれど、コーヒー課では、昇進した途端に崖から落とされそうになる。希望と絶望は表裏一体でした。

ここでも背中を押してくれたのは「何で？　どうして？」の精神でした。どうにかして、博打ではなく、安定的な利益を生む仕組みを作れないものか。

当時、コーヒー生豆の輸入マーケットは700億円規模でしたが、レギュラーコーヒーや缶コーヒーなど末端の最終商品マーケットは1兆円、10倍以上の規模がありました。そのからくりをたどると、商社と小売りの間のロースターと呼ばれるメーカーが利益を上げているという構造が浮かび上がってきたのです。

僕たち商社が製造を行ってもいいのではないか。安定したビジネスにするためにも、原料から製品まで、すなわち、コーヒーの川上から川下《かわしも》までをマネジメントするべきではないのか。そうしたほうが、さまざまな価値を提供できるのではないか。

そんな内容のレポートを書いて本部長に直訴しました。

そこで驚いたことに、僕と同じ内容のレポートが10年前にも提出されていたというのです。

誰もがやるべきことは分かっていた。それでも誰もやってこなかった。こんないい加減なことがあっていいはずがない。おかしいと思っても変える努力をしていなければ、おかしいと思っていないことと同じです。

顔を真っ赤にして訴え続ける僕に、本部長は言いました。

「そこまで言うなら、言い出しっぺの君がやりなさい」

かくして僕は、子会社の食料品専門商社である日商岩井食料株式会社（現・双日食料株式会社）に出向となったのです。

マネジメントする力

「福井君、周りは君が左遷させられたと思うかもしれないが、これからを担う優秀な経営者の育成を考えての出向だ。いいチャンスだと考えなさい」

出向が決まった時、当時の専務がそう声をかけてくれました。そこで初めて、「僕の出向をネガティブに考える人がいるのか」ということに気づかされました。それくらい、僕はやる気満々だったのです。コーヒーを製品化し、安定ビジネスにするんだという使命を背負った僕には、前しか見えていませんでした。

そんな僕を待ち受けていたのは、手痛い洗礼でした。

「福ちゃんは俺たちの3倍働いてあたり前だよね。給料が3倍高いんだから」

僕の歓迎会で、同じ年の社員にそう言われたのです。

確かに、本社と子会社の給与水準は違っていましたが、言われてみれば、出社初日から社員の僕に対する敵対心のようなものを肌で感じていました。「また本社の人間が儲かりもしない仕事を持ってきやがって」という思いもあったのだと思います。それが、彼の発言に集約されていたのでしょう。

僕は言いました。

「10倍働きますよ」

精いっぱいの強がりでした。

僕の下に4人の部下がついたのですが、そこでも日々カルチャーショックの連続でした。

「どうせやるのなら、ベストを尽くしましょう」

そう言った僕に、僕よりも年上の彼らはこう言ったのです。

「どうしてベストを尽くさないといけないのですか。ベストを尽くしても給料は変わりませんよね」

愕然としました。僕のそれまでの人生の中で「どうせやるならベストを尽くそう」ということに異論を唱えた人はいなかったし、それは「歩行者は右側通行」と同じくらい、あたり前のことでした。なのに突然、「右側通行じゃないよ」と言われたわけです。同じ会社で働いているのに、まるで僕だけ一人海外に放り出されたような異文化を感じました。それでも、彼らと仕事をしていかなくてはならない。

あまりにショックで、僕は生まれて初めて、眠れなくなりました。気持ちを落ち着けるために、クラシック音楽を聴き始めたくらいです。それほどまで、衝撃的な出来事でした。

そんな僕を救ってくれたのは、本社の先輩の一言でした。

「マネージャーとして、いい経験をさせてもらっていると考えろ」

マネジメントとは本来、さまざまな価値観を持っている人間を束ねて、同じ方向へと進ませることです。一人一人、価値観が違ってあたり前。自分の価値観は、必ずしも社会全体の価値観とは一緒ではない。「何のために働くのか」も人それぞれ。僕自身は、プロフェッショナルな自己の実現やプライドのために仕事をすると思っているけれど、なかには、ベストを尽くして給料をもらうより、同じ給料なら、より少ないエネルギーでできるだけ楽できるほうがいいと考える人もいる。

その現実を目の当たりにして、ただ真っすぐに突っ走るだけの熱血漢では、意識差のある人々を束ねることはできないと実感しました。そこにはマネジメント力が必要とされる。今は、そのスキルを身につける絶好のチャンスだ――。先輩の言葉に本当に救われました。

スーパーへ直接交渉

マネジメントに対する創意工夫をする一方で、僕はとにかく実績を作る必要があると考えていました。誰にも文句を言わせる隙のないくらいの実績を作れば、納得してくれるはずだと考えたのです。

僕は、コーヒー豆をよりリーズナブルな価格で提供できる商品を作ろうと思いつきました。

当時は、100円で仕入れたコーヒー豆が1000円で売れた時代でした。それだけ、コーヒー豆は利益率の高い商品だったのです。製造や流通形態を変えればコストは抑えられます。それを販売力のあるチェーンストアのプライベートブランド（PB）として売れば、コンスタントに需要が生まれ、安定したビジネスになるはずだ。

PBは、商品を販売するスーパーなどがメーカーと直接、商品の企画・開発を行うことで、大量仕入れや中間マージンカットにより販売価格を抑えられます。かつ、粗利益も確保できるというメリットがあります。消費者は商品をより安価で購入することができ、メーカー側にとっては一定量の販売が見込めることから売り上げが安定するうえにコスト削減もでき、結果的に安定経営につながるのです。

当時、西友の「無印良品」をはじめとするいくつかのＰＢが誕生していましたが、価格破壊で最も話題を呼んでいたのが、流通大手のダイエーが発売した「Savings（セービング）」でした。

セービングの第１弾として発売されたのは果汁１００％の濃縮還元のオレンジジュース。それまで１リットル４００～５００円はしていた商品を、セービングでは１９８円で販売したのです。

コーヒー豆でも価格破壊を実現したい。激安コーヒーを作りたい。

コーヒー豆は、言ってしまえば、グリーン豆をローストしてパックするだけの商品。日商岩井でも、輸入した豆を関係先のメーカーでパック詰めしてもらっていました。その際、パッケージデザインにコストと労力をかけ、わずかながら他社との差別化を図っていました。

しかし、オリジナルのパッケージでコストを抑えるには、膨大な生産ロットを受け入れざるを得ません。新規ビジネスで、しかも激安商品でそこまでの在庫を抱えることはリスクが大きい。

そこで僕たちは、緑茶に使われる無地のパックにコーヒー豆を詰め、商品名を書いたシールを貼っただけの簡易なパッケージを考えました。見た目は味気ないのですが、これならデザインやパッケージ製作にかかる費用が抑えられます。結果、コーヒーメーカーが販売している平均単価の半分の金額で提供することが可能になりました。

僕たち商社マンには、原料の仕入れから工場で加工して製品化するというノウハウや幅広いネットワークがありました。それは、問屋から商品を買い付けるだけのスーパーのバイヤーにはないノウハウです。当時、彼らは売ることはできても、作ることはできなかったのですから。

一方で僕たちは、激安商品を作ることはできても売ることはできません。販路がまったくないのです。商社の取引先は問屋が中心。スーパーのバイヤーと直接交渉をしたこともなく、小売店へどう営業をすればいいかも分かりませんでした。

「コーヒーの新商品を発売したので、話を聞いてください」

電話帳を見ながら、量販店やチェーンストアの本社の代表番号に電話をかけて地道にアポイントメントを取っていきました。

あるスーパーの本社へ出向くと、商談室へ案内されました。そこで目にしたのは、グレーのスーツの大集団。体育館ぐらいの広さのスペースに、問屋やメーカーの営業マンがずらりと並んでいたのです。

聞けば、３時間並んで５分商談、というのが定説だとか。想像以上に険しいいばらの道……のはずが、僕が社名を言うと、相手のバイヤーは何十人も並んでいる人々をひとっとびに抜かして話を聞いてくれたのです。普段、接点がない商社マンが商談に来ることが珍しかったのでしょう。ラッキーでした。

周囲の妬《ねた》みいっぱいの視線を気にしつつも、訪れたチャンスを逃すまじと前のめりになりながら商談に臨みました。

ちらと周りを見ると、他社の商品はどれも人目を引くゴージャスなパッケージ。対して、僕たちのコーヒー豆が纏《まと》うのは飾り気のないお茶の袋。見た目のみすぼらしさでは群を抜いていました。

が、僕たちはそれを逆手《さかて》にとりました。

本当に価値のある商品をリーズナブルな価格で生活者に届けたい。中身には絶対の自信がある。輸入を手がける僕たちが工場を借りて製造し、パッケージも簡素化したからこそ、この値段が実現している。ぜひ、御社のPBとして展開してほしい、と。

20億円のPBビジネス

最初に採用してくれたのは、当時首都圏を中心に展開していたスーパー『忠実屋』でした。

まず、3つの店舗で試験的に販売してもらえることになりました。こっそり売り場をのぞきに行き、棚に僕たちの商品が陳列されていた時は、飛び上がりたくなるほどうれしかった。さらに、主婦らしきお客さんが僕たちの商品をレジに持って行くのを見た瞬間の感動といったら！　僕たちがゼロから作って売り先を開拓したコーヒー豆を買ってくれる人がいたのです。

コーヒー豆商品1個の利益は微々たるものです。しかし、日商岩井本社で、電話1本で何千万、何億という金額の仕事を動かしていた時よりも数百倍うれしかった。やってきてよかったという充実感で満たされました。

その後、取扱店舗は増えていき、コーヒービジネスを安定させるためという出向目的はほぼ達成されていました。

その後、当時業界大手だった某スーパーから、PBを作らないかという依頼がきました。それまで、PBはメーカーが作った商品のラベルを貼り替えて販売するものが多かったのですが、商社出身の僕が原料の調達から販売までをマーチャンダイズできることを見込んで、コーヒーだけでなく、パスタや飲料、缶詰などの加工品も作ってほしいというリクエストでした。

小売店側の希望商品を投げかけられるたびに、一からその食材周辺を徹底的に勉強しました。結果的に、そのスーパーへは20品目のPBを納めるようになります。

日商岩井食料には2年いましたが、その間に、PBビジネスは20億円の売り上げを上げるまでに成長しました。僕は、命題だったコーヒービジネスの安定をクリアしたうえに、コーヒー以外の製品も作り、新規ビジネスで実績を上げたわけです。

その頃になると、社内で僕はちょっとした有名人になっていました。

当時の日商岩井にとって、スーパーなどの量販店との取引は大きな課題でした。

三菱商事や伊藤忠商事など総合商社大手の社長は、食品部門出身者が多かったのですが、彼らはそれだけ食品部門で実績を上げていたということ。つまり、彼らの食品部門は儲かる部署だったのです。

なぜなら、彼らはスーパーと直結する問屋機能を持っていたからです。当時、系列の問屋を経由して小売店に商品を卸すのは、他社の問屋を経由するよりも高い利益を出すことができたのです。

しかし、日商岩井にはそういった問屋も代理店機能もなかったため、他社に追随するべく、社内をあげてスーパー対策チームができていました。

会議には幹部クラスも多数出席していましたが、誰もスーパーとの取引をしたことがありません。でも僕は、子会社にいながら前例のないスーパーとのビジネスを始めて、結果を出してもいました。その実績を買われ、最年少ながらスーパー対策チームに抜擢《ばってき》され、本社のチームの会議に出席しては、僕よりも年上の人々にスーパーとのビジネスやノウハウをレクチャーすることになりました。

僕は、ここぞとばかりにさまざまな提案をしていきました。当時の日商岩井にとっては、スーパーとの取引は金のなる木になるかもしれない新規ビジネス。皆、僕の話に耳を傾けてくれました。子会社にいた社員がそんなポジションを得るなんて前代未聞でした。以来、「食品部門に福井というやつがいる」と認識されるようになり、社外でも、「なんだかおもしろいことを始めようとしている人がいる」「日商岩井の福井さんがまた何か持ってきたよ」と言われるようになりました。「日商岩井の福井さん」は、ちょっとした有名人になっていたのです。

10代の頃、僕が親父を超えられないと思っていたのは、親父が勘と経験で勝負していたからです。会社でも上司と同じ仕事をしている以上は勘と経験で勝負がついてしまう。しかし、新しい分野ではそれは通用しない。新しいことを始めれば、始めた人がその分野でのオーソリティになれる。経験に関係なく、若手でも大きな実績を出すことができる。

日商岩井食料での経験は、そのことに気づかせてくれました。

インドネシアに留学する

実績を積み重ねてはいたものの、日々の業務の中で、僕は自分の教養の足りなさを実感するようになっていました。経営のこと、経済のことを、もう一度学生になって勉強したいという思いが募るようになりました。

当時、日商岩井には海外留学制度があり、年間30人ほどの社員が世界各国へ留学していました。彼らの多くは、アメリカのハーバード大やUCLA（カリフォルニア大ロサンゼルス校）でMBA（経営学修士）などの資格を取得、アジア留学なら中国の北京大学というのがポピュラーなコースでした。

でも、僕はそういったビジネス系の資格には興味がなかったし、人と同じことをするのが嫌でした。

僕は会社の制度を活用し、インドネシア大学への留学を決めました。

当時のインドネシアはスハルト大統領下で軍事政権が続いていました。政府は経済発展を最優先し、経済成長は毎年7～8％の伸び率。日本の大企業でインドネシアに進出していないところはないくらいでした。

インドネシアは、コーヒー課時代に取引を担当していた国で馴染《なじ》みもあり、対日感情もよかった。しかも人口は2億人。アジアの原料供給地という観点だけでなく、商社マンとして、モノを作って売るという点でも学び甲斐《がい》がある国だと感じていました。

インドネシア大学卒業式。同期の学生たちと共に。

当初、留学にあたっては入学試験はなく、申請書と論文を提出すればＯＫと言われていました。

海外留学するには、まず、社内で論文と面接の試験があります。この時点で合否を決定するのは人事部長。営業の第一線にいた僕は、人事部長相手であれば、面接ではなんとでも言いくるめられると強気でした。それに、過去の例を見ても、日商岩井の社員はインドネシア大学へは願書さえ出せば入学できていました。

すでに、留学は決まったものと思っていた僕に、驚愕《きょうがく》の事実が突きつけられました。ルールが変わって、「入試があります」と言われたのです。入試は筆記試験と面接。もちろん、どちらもインドネシア語です。

海外留学が決まると、「どこへ行きたいか」と聞かれます。インドネシア大学と決めていた僕は、まず、インドネシアに赴任することになります。

当時、銀行員などの海外留学は、留学の約半年前には業務を離れ、日本国内で必要な語学学校に通い、ある程度準備をしてから留学していました。でも、僕たち商社マンは赴任のギリギリ前日まで仕事をしなければならない。つまり、留学が決まったら、仕事の合間をぬって語学を勉強しなければならなかったのです。とはいえ、忙しい毎日ではなかなか勉強はできない。でも、留学できることには代わりないのだから、現地に赴任してから、入学までの間に勉強すればいい――。

のんびり構えていた僕にとって、「入試がある」ことはまさに寝耳に水でした。しかも、インドネシア語の「ありがとう」さえも知らない僕が、1か月後には「なぜ、インドネシア大学に入りたいのですか？」というインドネシア語の質問に、インドネシア語で答えなくてはならないのです。

あまりの自信のなさに留学を諦めようかとも考えましたが、「君の後任はすでに決まっている。インドネシアで頑張るしかないよ」と言われてしまえば、あとに引けません。「頑張ってください」という周りの素直な声援があれほど無情に聞こえたことはありません。

聞けば、インドネシア大学に留学している会社員の中には留年している人も多いとか。なかにはあまりに卒業できないので、卒業証書を偽造する人もいるそうです。そんなのはかっこ悪いし、恥ずかしすぎる。卒業もできずにすごすご帰ってくるなんて絶対に嫌だ。

覚悟を決めました。僕は、必死で勉強を始めました。

アイデアや独自の発想には自信がありましたが、何かをコツコツ続けることはからきし苦手でした。しかし、どれだけ理屈を言っても、外国語は単語を覚えないことには始まらない。「記憶しようとしなくても、読んだことが自然に頭の中に入ってくるんです」という天才が、あの時ほど羨《うらや》ましかったことはありません。

生まれて初めて、勉強している夢を見ました。夢の中で、僕は一生懸命にインドネシア語の単語を思い出そうとしているけれど、なかなか思い出せない。そこで、ハッと目が覚め、夜中に必死で辞書をひく……。そんな夜が続きました。

必死で勉強した甲斐あって、大学入試も無事クリアし、めでたく留学できることになるのですが、この時の受験勉強で、それまで苦手だと思っていた「地道にコツコツやる」ことも意外とできるじゃないか、ということに気づけたのは新鮮でした。

こうして無事、30歳でインドネシア大学に入学となりました。

インドネシアの人口2億人のうち、大学に進学できるのはほんの数パーセントだそうです。華僑《かきょう》系の裕福な人々はアメリカの大学に留学するため、インドネシア大学には、自国の優秀な学生が多く集まっていました。卒業生の3割は役人となり、残りは経済界で力を発揮します。インドネシア大学は、将来のインドネシアを背負って立つ若者のための大学で、学生の意識は非常に高い。エリート意識も強いから勉強もするし、授業中の質問も積極的で、学生の知識欲も好奇心も旺盛《おうせい》でした。自分たちがこの国を変えるんだという情熱が感じられました。

僕の専攻は外国人向けの社会学。教授陣も一流で、卒業生である現役の会社社長が何人も講義を担当していました。

講義はすべてインドネシア語。毎日4～5時間は勉強しないとすぐについていけなくなります。カリキュラムも課題の量も、日本の生ぬるい大学とはまったく違いました。大学時代同様、麻雀とスポーツに明け暮れているわけにはいきません。とにかく、とことん勉強させられました。

ある女性の会計学の講義は、本当に難しかった。その人は、インドネシア有数の財閥サリム・グループ傘下にあるインスタントヌードル会社『インドフード』の社長でした。この財閥グループは、インドネシア最大で唯一の製粉会社『ボガサリ・フラワーミル』も所有していました。

当時、インドネシアがオーストラリアやカナダから輸入する約6割の小麦が日商岩井経由で取引されていたため、会社としては、彼女との関係も強化しておきたかったのでしょう。日商岩井ジャカルタ支店の食料部門の課長から「彼女の講義を受けろ」という特命を受け、本当ならとらなくてもいい講義を歯を食いしばって受講していました。

会計学自体は日本でも勉強していたからまだ分かります。しかし、インドネシア語の専門用語でまくしたてられると、魔法の呪文にしか聞こえず、日常会話には困らない程度だった僕の語学力では到底ついていけません。しかも、レポートも書かないといけない。寸暇を惜しんでの予習・復習が欠かせませんでした。

授業を馬鹿にしていつでも予習をしてこなかった日本人留学生がいました。彼は僕と同じ年で、大手都市銀行から留学していました。きっと彼は学生時代、僕と同じ一夜漬けタイプで、試験前に勉強すればなんとかなると思っていたのだと思います。

ある時、彼の態度にしまいに怒った先生が授業中、ずっと彼を指し続けたことがありました。指されても答えられない彼は、「ティダタウ（分かりません）」と繰り返すばかり。しまいには泣き出してしまった。いい年をした大人が泣いてしまうぐらい、厳しい授業でした。

くじけそうになりながらも、要領のよさも発揮して、２年後、なんとか卒業証書はもらうことができました。卒業式にはメディアの取材も入り、優秀な学生は地元の英字紙ジャカルタ・ポストで紹介されていました。真ん中ぐらいの成績だった僕は掲載されるわけもないのですが、ジャカルタ支店の課長からは「何で掲載されないんだ」とお叱りを受ける始末。これでもがむしゃらに勉強したんです……という言葉をぐっと呑み込みました。卒業できただけで御《おん》の字でした。

日本人としての自覚

留学したことで、僕は食品を扱う商社マンとしてのあらたな自覚を持つようになりました。

それは、インドネシア大学で開催されたパーティでの出来事がきっかけでした。僕はそこで、ある若いジャーナリストと出会いました。彼は開口一番、こう言いました。

「日本の企業がインドネシアでどういうことをしているか知っていますか」

知らないと答えると、彼は「インドネシアのジャワ島では水俣病が発生していて、奇形の魚が揚がっている」と言うのです。そして彼の言い分によれば、その原因は日本の企業が垂れ流した工場廃液だと。

真偽のほどは分かりません。でもその時初めて、僕は自分が日本人であることを実感しました。

それまで、日本人である自分を意識する瞬間といえば、オリンピックで日の丸が揚がった時くらいです。

しかし、少し前の時代の日本で発生し、今もなお病と闘っている人がいる、教科書にも載っているような病名を聞いた時、よその国でまた同じ過ちを繰り返していることに、日本人として衝撃を受けました。しかも、そんな報道は日本にいた時にもまったく聞いたことがない。他国だったら何をやっても許されるのだろうか。

軍事政権下の当時のインドネシアでは、国にとってネガティブな情報はほとんど表に出てきません。新聞でも、大統領の批判記事を掲載すればすぐに発禁になっていたかち、彼の話を知っている国民は多くはなかったかもしれません。そんな中でも、気骨のあるジャーナリストが、日本人である僕に勇気を持って問題提起をしてくれたのです。

僕は日商岩井の社費留学生。おそらく、僕一人に、年間で2000万円ほどの経費がかかっていたと思います。

このお金は、会社がさまざまな経済活動の中で利益として上げてきたものです。会社の経済活動は、広い意味での日本の経済活動とも言えます。その活動の中で利益を得る代償に、公害病で苦しむ人たちがいるという現実に、僕は矛盾と憤《いきどお》りを感じていました。自分たちが苦しんだ現実がありながら、よその国でも同じようなことをしている日本に対してさらなる憤りと矛盾を感じながらも、一方で、自分はそういった広い意味での経済活動から生まれたお金で留学をさせてもらっている。考えれば考えるほど、天に唾《つば》するような気持ちになりました。

ある水産物の養殖現場でも衝撃を受けたことがあります。

日本からバイヤーが買い付けに来る時、通訳で僕がアテンドをしたことが何度かありました。現地の養殖会社はさまざまな種類を用意するのですが、なぜかバイヤーたちは一切味見をしないのです。食べ物を買うのに味見をしないとはおかしい。「なぜ食べないのですか」と聞くと、「こんな危ないものが食べられるか」と言うのです。

当時、その水産物はほとんどが人工池のようなところで養殖されていました。水の循環が悪いため池で過密養殖されるうえに、病気による大量死を防ぐため抗生物質や抗菌剤を混ぜた餌《えさ》を与えているところも多く、それが、周辺の海などの汚染を引き起こしてもいました。

安全性に疑問がある、自分が食べたくないものを日本に輸入しているという現実に愕然としました。

20代の僕は、超利益優先主義の商社マンでした。それが正しい姿だと信じて疑いませんでした。でも僕たちは、自分が食べることすら躊躇《ちゅうちょ》するようなものを輸入して利益を得ていいのだろうか。

おかしい。絶対におかしい。

しかし、それを何百回言ったところで現実は変わりません。僕は、たまたま食品を扱う商社マンで、たまたまインドネシアに留学して現状を知ったという一介のサラリーマンです。でも、日本人としてこの話を聞いた以上、どんな一歩を踏み出せばいいのか考えさせられました。おかしいと思っても、行動しない限り何も変わらない。僕はどう応えればいいのか。問題を突きつけられた気がしました。

商社初、オーガニックチーム発足

くすぶる気持ちを抱えながら、２年間の留学を終えて帰国しました。

その頃、日商岩井食料時代の上司が、出向期間を終えて本社に戻っていました。彼は直属の部下となった僕に、「新しいセクションを作りたい」と話してくれました。出向時代の新規ビジネスを成功に導いた功績を見込んでくれたのだと思います。所属は僕一人。しかし、まだ具体的にはどんな部署でどんなビジネスをやるかも決まっていませんでした。

「何でもいい、やりたいことをやれ。好きな部署名をつけろ」

上司はそう言ってくれました。

新しい部署を僕は「開発グループ」と名付けました。この名前であればどこでも、どんな仕事もできると思ったからです。

インドネシアでの体験から、食の安心・安全への取り組みの必要性を痛感していた

アメリカへオーガニック食品事業の視察に出かける。

僕は、自分が心から自信を持って自分の家族に食べさせられるものを扱う仕事をしたいと考えるようになっていました。今、必要とされているのはそういうセクションだと強く感じていたのです。

いくつか提案した新規ビジネスと共に、「有機食品のチームを作りたい」と提案しました。

しかし、ほかのビジネスプランはすんなりと受け入れられるのですが、実のところ、オーガニックに関する提案だけは、ことごとく無視されていました。「ニッチすぎる」「趣味はアフターファイブにやれ」と相手にされなかったのです。

今でこそ、オーガニックや有機という言葉は一般的ですが、当時はまだ、一部の宗教や社会運動絡みで営まれるものという、どこか胡散《うさん》くさいイメージがありました。商社はそういったイデオロギー的なものを一番嫌います。有機食品を手がける商社もありませんでした。オーガニックは商社が手がけるべきビジネスではない。オーガニックだけには関わるなと言われ続けていたのです。

しかし、僕は諦めませんでした。オーガニックは、海外では非常に伸びている分野であり、すでにアメリカやヨーロッパでは、安全性が高く環境にも優しいオーガニックフードがトレンドになりつつありました。どうしてもオーガニックを日本でビジネスにしたい。300人ほどいる食料部門の中で、一人くらい損得抜きにチャレンジするやつがいてもいいじゃないか。

社内の有志で勉強会を開催し、資料を集め、ヨーロッパやアメリカでのオーガニック食品への取り組みや意識を独自に調査する中で、日本でも将来的に大きなマーケットになるという確信を得ました。資本主義社会の最先端を突っ走る商社が、他社に先駆けてオーガニック食品をビジネスにするインパクトの大きさを何度も説明しました。

何度目かの提案、というよりも説得で、ようやく企画が通りました。

1996年7月、日本の商社では初となるオーガニックチームが発足。専属は32歳のヒラ社員の僕を含め2人。あとは食品部門の各部署に肉、米、小麦など食品ごとに1人ずつオーガニック担当社員を出してもらい、10人くらいのチームができました。実質的なグループリーダーとして、僕はオーガニックに関するビジネスを一歩一歩動かすことができるようになったのです。

インドネシアではなくアメリカに留学していたら、今頃は経営コンサルティングをやっていたかもしれません。オーガニックビジネスなんて考えもしなかったと思います。後の、「野菜ソムリエ」も思いつかなかったはずです。

インドネシア留学は、その後の僕の人生の大きなターニングポイントとなりました。


90年代半ば、ダイエーのPBであるセービングは、価格破壊と言われて話題になっていましたが、198円で販売されていたオレンジジュースは、すでに100円にまで値下がりしていました。それが4~5年も続くと、生活者は激安にも慣れ、作る側も買う側も価格破壊疲れをしていたように思います。

これからの時代、安さだけではないプラスアルファの価値の提供合戦になるだろうという予感がありました。

しかし、一度100円で販売したものを再び198円で売るには相応の理由が必要となる。付加価値をつけなくてはなりません。

その理由付けとしても、オーガニックはぴったりでした。そんな流通事情を背景に、僕たちはオーガニック食品の取り扱いに着手しました。

最初は、海外での契約栽培の農産物を販売することからスタートしました。アメリカやヨーロッパでオーガニックの小麦や大豆、米などを作る生産者と契約をし、それを日本国内のメーカーや量販店で扱ってもらうため、各社をプレゼンして回りました。それまでどこか胡散くさいイメージのオーガニックでしたが、儲かることしかしない商社が始めたのだから、ひょっとしたらこれはブームがくるのではないか。熱心に話を聞いてくれた会社は、そんなふうに思ってくれたのかもしれません。

当時は、冷凍野菜をはじめとした加工品にするための野菜を海外で契約栽培し、日本に輸入していましたが、消費者の一番のニーズはやはり生鮮野菜。そこで、国産の有機・無農薬栽培の野菜をスーパーや外食チェーンに卸すビジネスに乗り出しました。

各地域ごとの集荷業者を頼り、契約栽培に応じてくれる農家を探してひたすら全国の産地を駆け回りました。元来、農村は「よそ者」に対してはガードが固いうえに、商社という超経済的合理性を追求する会社の人間とあって、なかなか話を聞いてもらえなかったのですが、諦めずに農村を回った結果、約３０００軒の農家と契約を結ぶことができました。

当初、オーガニックはニッチの中のニッチビジネスで、オーガニックをビジネス展開する商社はありませんでした。オーガニックビジネスはニッチでありながらも、日商岩井の独壇場となっていったのです。

サンディエゴへ

1997年に、僕はアメリカの有機農産物独立検査官協会（IOIA）の有機認定検査官（オーガニック検査員）の資格を取得しました。当時、日本には資格取得者は2人しかいませんでした。

オーガニック検査員とは、オーガニック認定の申請をした業者が認定基準を満たしているかどうかを検査する専門員のことです。今は日本でも日本語で受験できますが、当時は受験するにはアメリカまで行くしかありませんでした。現地で2週間ほど講義を受け、認定試験を受けなくてはなりません。

正直、検査員になりたかったわけではなく、インドネシア留学で猛勉強した後だったので、今度は英語で試験を受けるために勉強するなんてまっぴらごめんでした。が、そこは会社に属するサラリーマン。「資格をとれ」という会社からのお達しには抗《あらが》えません。ちなみに、僕以外にも2人、受験することになっていました。会社はきっと、僕の合格に不安を抱いていたのでしょう。

オーガニック検査員の受験資格には「理系出身者」とありました。文系学生だった僕は本来なら講義を受けられません。しかも、正式な検査官になるには実地トレーニングが必要なのですが、僕のように営利目的でモノを売る商売の人間は、中立的な立場にはなれないとされ、検査員の業務は行えません。それでも、検査員として必要な知識を学び、資格を取得することはできるし、それはきっと仕事にも役立つはず。

ニューヨーク支店のあるオーガニックチームの一人が、「ミスター・フクイはマーケティング専門だが、日本でオーガニック食品の普及に努めている、充分資格に値する人物だ」という主旨の手紙をＩＯＩＡの会長宛に書いてくれたことで、受講が認められました。

講義会場となったサンディエゴ郊外の教会には、世界中から約20人の受講生が集まっていました。ここで共同生活を送りながら講義を受けるのです。風呂、トイレ共同の集団生活も新鮮でしたが、さすがに夜は一人になりたい。僕は近くにモーテルを借り、そこから毎日教会へ通いました。

2週間の講義スケジュールは毎日びっしりと埋まっており、内容はかなり濃密でした。毎日分厚いテキストと向き合い、畑や食品加工場での研修も行いました。昼食や夕食は、地元のオーガニック認定団体が提供してくれるのですが、もちろん、食材はすべてオーガニック。超肉食だった僕には多少物足りなさはありましたが、でも、美味しかった。安心して食べられる食材とはどんなものなのだろうか。そんなことを考えながら、毎日を過ごしていました。

そしてなんとか試験に合格し、オーガニック検査員の資格を取得することができました。ちなみに、僕は日本で３番目の資格取得者ということにしています。日本から７人が受験しに行き、５人が資格取得したわけだから、僕たちの前に検査員になっていた２人の先輩の後、７人目まではいわば同期です。ところが合格者名簿には僕の名前が一番上にあったので、「日本で３番目の資格取得者」というわけです。

当時、国内最大級の有機農産物認定機関であるＮＰＯ法人日本オーガニック＆ナチュラルフーズ協会（ＪＯＮＡ）事務局に在籍していた藤井淳生氏もＩＯＩＡ受験の同期で、協会の講座の講師をお願いしています。

アメリカから帰国した頃には、日本でもオーガニックという言葉が一部のメディアで使われ始めていました。

２００１年に農林水産省が有機農産物を認証する「有機ＪＡＳ認証制度」をスタートし、有機栽培農産物の基準も定められました。化学合成農薬と化学肥料を使わずに3年以上経過した田畑で栽培したものが有機農産物と認められ、その認証制度も確立しています。ところが、１９９７年頃の日本には有機栽培農産物の明確な基準はありませんでした。有機農産物の定義も諸説紛々《ふんぷん》としており、有機栽培でなくとも「有機」と唱えれば有機農産物になるという自称有機農産物も出回っていました。オーガニックというなんだかよさそうなものはあるけれど、それがどんなものでどんなにいいものかを説明できる人は誰もいなかったのです。

そんな現場の状況を背景に、オーガニック検査員資格を取得した僕のところへは講演依頼が殺到しました。「オーガニックなら日商岩井の福井さん」と言われるようになったのは光栄でした。

改正ＪＡＳ法（農林物資の規格化及び品質表示の適正化に関する法律：平成11年7月22日改正）制定の際には、法改正のための農林水産省専門委員会の一専門員として加わることになりました。これは当時、ちょっとした話題になりました。

なぜなら、それまで農林水産省が食品関係で専門員を招集する際には、ほとんどが三井物産か伊藤忠商事か三菱商事の社員と決まっていたからです。農業の分野で日商岩井から専門員が選ばれたことは、過去に一度もありませんでした。しかも、オーガニックを手がけていたのが僕たちだけだったとはいえ、僕は正真正銘のヒラ社員。にもかかわらず、農林水産大臣から専門員の任命状が授与されたわけですから、業界内ではちょっとした騒ぎになったわけです。

ちなみに、大臣から専門員の任命状を拝受し、任務を解くための解任状を授与されるまでは、一応僕も国家公務員になるそうです。

こうして、オーガニック商社マンとしての僕の顔も少しずつ売れるようになり、日本貿易振興機構（JETRO）の専門家として海外に派遣されたり、本を執筆したりと、徐々にオーガニックチームの仕事も広がっていきました。

命に直結する「食べ物」で商いする者として

オーガニックチーム発足から3年後、僕たちのビジネスは年間100億円規模にまで成長していました。日商岩井は「オーガニック最大手」とまで言われるようになっていました。

正直、始めた頃はこんなにもオーガニック食品が普及するとは想像していませんでした。

「福井さんのおっしゃることはよく分かる。でも、うちがオーガニックを始めると、そうでないものは毒なのかと見られかねない。だから、我々のような企業はオーガニックという差別化は受け入れられない」

ある食品メーカーの社長にそう言われたことがあります。営業に回ると、ほとんどが彼と同じ反応でした。オーガニックに対してはネガティブな意見が多かったのです。

前述したとおり、食品は2つの側面を持ちます。1つは「命に直結する食べ物」、もう1つは「商品」であることです。

究極的に言えば、企業にとっては商品は食べ物でなくてもいいわけです。100円で仕入れたものを120円で売り、利益を出すことが正解なのですから。

しかし、インドネシアでの食の現状を目の当たりにして、僕の中に「食べ物を扱っている」という実感が生まれていました。同時に、社会の中の一人としての何かしらの使命感が生まれていたのです。

どんな食べ物を売りたいかと聞かれれば、僕は、「自分の子どもに食べさせたいもの」と答えます。たとえお金のためであっても、子どもに食べさせられないものを売りたくはない。親父が毎日精魂こめて美味しいかまぼこを作っていたように、人様に正々堂々と食べてもらえるものを提供したい。

そんな想いが徐々に理解されていったのも、オーガニックビジネスを成功に導いてくれたのかもしれません。

その後、各商社にもオーガニック部門が続々と誕生していくことになります。

余談ですが、当時、日商岩井の食品部門では、日常的に相談や話ができる上役はせいぜい自分の2つ上の階級まででした。ヒラ社員なら部長ぐらいまで、というわけです。本部長や役員と話す機会はほとんどありません。

しかし僕は、日商岩井食料時代に上司だった役員の下でオーガニックグループを立ち上げたわけですから、その役員とは毎日打ち合わせをし、昼も一緒に食べ、顧客のところへも一緒に出かけていました。

ところがそれは、当時の社内においては異例のことで、先輩からは、「お前はいいよな、役員といつも一緒にいられて」「小判鮫みたいだと言われてるぞ」と言われていました。

周りからすれば、僕はとても守られた場所にいるように見えたのでしょう。でも、それは少し違う。僕からすれば、周りのほうが守られた存在でした。なぜなら、僕は役員にひとたびNGを出されたら即退場という、いわば崖っぷちにいたのです。その役員は仕事面ではとてもドライで、彼に一度「ダメ」の烙印《らくいん》を押されるとリカバリーは絶対不可能。課長や部長のように守ってくれる人はいない。だから常に真剣勝負でした。毎日試験を受けているようで、息つく暇もありませんでした。その状況も、僕はおもしろがるようにしていましたけれど。

ところで、商社マンになったばかりの頃の僕の食生活はというと、寮生活だったので自炊もせず、昼も夜も外食ばかりでした。日本時間では深夜でも、ロンドンやニューヨークで相場が開いている間は残業していたので、いつも夜9時頃になると上司や同僚と連れ立って食事に出かけていました。上司がごちそうしてくれる良き時代。毎日、焼き肉や中華料理を食べていました。しかも、取引先の社長に連れて行っていただいた赤坂の高級しゃぶしゃぶ店『ざくろ』では、ごちそうしてもらっている身分にもかかわらず10人前をぺろりとたいらげるほどの超肉食。おかげで、入社前に比べて半年で10キロも太ってしまっていました。

オーガニックビジネスに関わるようになってからは、多少は食生活にも気を使うようになりました。それでも、一度膨らんだスタイルは今もなお、絶好調にキープしています。

第五章　野菜ビジネスはおもしろい

ＩＴ元年、野菜の通販サイトを立ち上げる

「オーガニック最大手」と呼ばれるようになった日商岩井のオーガニックチームは、業績も右肩上がりでした。

それでも僕は、手放しでは喜べませんでした。

なぜなら、相変わらず店頭での「情報発信機能」には満足のいく手応えが感じられていなかったからです。

もっと効率よく、野菜やくだものが持つストーリーや、生活者が求める情報を伝えられる手段はないものだろうか。

時を同じくして、１９９０年代後半からｅコマースやコンテンツプロバイダなど、ＩＴ関連のベンチャー企業が相次いで誕生していました。20〜30代の若いビジネスマンたちが起こした企業は渋谷に集中し、そこは「ビットバレー」と呼ばれるようになっていました。

１９９９年から２０００年にかけてのネットベンチャーブームは「ネットバブル」とも呼ばれ、新しい可能性を求めて若い企業への投資ブームも起こります。１９９９

年にはベンチャー向けの新市場「マザーズ」も開設され、２０００年に「ナスダック・ジャパン」が取引を開始すると、多くのネットベンチャーが上場。この年は世に「IT元年」と呼ばれています。

そんなネットベンチャー華やかなりし頃、僕はある新聞記者の紹介で、有限会社コーヘイの高島宏平君と出会いました。

高島君は、東京大学の大学院生だった頃に仲間とＩＴベンチャーを立ち上げ、若者をターゲットにしたｅコマースサイトでかなりの実績を上げてメディアからも注目されている人物でした。大学院卒業とともに民間企業に就職していましたが、僕と出会う直前にコーヘイに戻り、ちょうど野菜販売のｅコマースサイトを立ち上げたばかりでした。

インターネットは、１．瞬時に、２．不特定多数に、３．大量の情報を、４．安価に流すことができるものです。僕が目指している野菜やくだものの物語を伝えるための情報発信機能としてはとても魅力的なうえに、業務を効率化させてくれるはず。黙っていてもモノは売れないことを痛感してきた僕は、この便利なツールを使わない手はないと考えました。

とはいえ、僕たちはリアルな現場でのマーケティングや経験には長《た》けていても、インターネットというバーチャルな現場の知識も経験もありません。それに、商社はBtoBは得意でも、直接生活者と接点のあるBtoCのノウハウはないのです。ウェブサイトの制作もさることながら、24時間態勢での問い合わせ対応も難しい。インターネットというツールを使いたいと思っても、それを当時の日商岩井が独自にやることは困難でした。

一方、野菜の通販サイトを立ち上げたコーヘイ側にも改善すべき問題が多くありました。それまで、雑貨やチケットのeコマースでは1億円という売り上げを上げてきたものの、彼らは食品という新しい分野に戸惑っていました。食品の取り扱い、在庫の問題、流通フローなど、それまで扱ってきた商材とはまったく違うやり方を必要とされ、頭を悩ませていたのです。

見事に利害関係が一致しました。僕たちにとって、コーヘイというベンチャー企業の持つeコマースにおける実績はもちろん、その機動力やスピードは魅力的だったし、僕たちはコーヘイが頭を抱えている食品流通についてのノウハウは持っている。リアルは得意でもバーチャルは未知の世界の商社と、リアルは未経験でもバーチャルならお手のもののベンチャー。手を組めば、お互いの不足を補って余りある。

それからとんとん拍子で話が進み、2000年6月、株式会社化したコーヘイと日商岩井、日本ヒューレット・パッカードが資本提携。コーヘイは『オイシックス株式会社』と社名を変え、あらたなスタートを切りました。ちなみに、社名は「食卓に一番美味《おい》しい状態の食品を」から名付けています。

僕は、日商岩井から出向という形でオイシックスの取締役副社長に就任しました。といっても、僕を入れても社員は10名ほどという少数精鋭部隊です。大手商社が社歴の浅いベンチャーとパートナー関係を結んだことは、業界でも話題になりました。

会社設立早々に、有機野菜の通販サイト「Oisix」を立ち上げ、日商岩井で扱っていた有機・減農薬野菜など生鮮食品20品目の販売を始めました。

当時、農業や食品流通業界の旧態依然とした流通システムに疑問を持つ関係者はまだ多くはなく、古い体制のまま食品は流通していました。相変わらず情報流通も分断されたままだったのです。

その古い体制にインターネットという目新しいツールが入ると、状況はドラスティックに変わりました。

オイシックスという会社の話題性、また、全国どこにいても新鮮な野菜が届くとあって、アクセス数は予想以上にありました。月30万円ほどからスタートした売り上げは徐徐に伸びていき、僕は改めて、インターネットの情報発信機能のすごさを実感しました。

今、オイシックスで人気の〝ふぞろいじゃがいも〟〝ふぞろいしいたけ〟などの「ふぞろい野菜」シリーズも、当時から始めたものです。きっかけは、栃木のカブ農家の軒先に、大量に積まれた廃棄予定のカブを目にしたことでした。聞けば、線虫が通った跡がついていて出荷できないというのです。しかし、素人目にはまったく分からない。「食べられるのになぜ?」という想いから、「ふぞろい野菜」シリーズは生まれました。曲がったキュウリや大根でも、きちんと情報を伝えればちゃんと売れていくのです。

しかし、インターネット時代が到来したとはいえ、オイシックスの存在を知ってもらわないことにはアクセス数は伸び続けられません。アクセス数が伸びなければ実売も期待できない。それに、ボリュームゾーンに設定しているターゲットの中には「インターネットに接続できない人」も多くいますが、そこには潜在的な需要がかなりあると僕は見ていました。

なんとかしてオイシックスをもっと認知してもらいたいけれど、悲しいことに、宣伝をしようにも小さなベンチャー企業には予算がありません。

そこで僕は、牛乳配達や酒販店のルートを利用することにしました。

実はこの手法は、日商岩井にいた頃に試験的に始めていたものです。牛乳配達のルートを利用して、野菜やくだものの通販用カタログを配ってもらい、注文や配達も代行してもらう。地域に密着した牛乳屋さんは、お客様との接点もあり魅力的でした。

そのビジネスをオイシックスへ移管し、おすすめ野菜や生産者のこだわりを紹介したチラシを作り、牛乳配達業者や酒販店にチラシの配布、注文受け付け、配達までを代行してもらいました。インターネットというオンラインでの販売をする一方で、オフラインでの販売を始めたわけです。

牛乳や酒販店は地域に密着しているし、配達や集金時にお客様との接点もあります。

「今日、風邪ひいちゃって」

「うちの子、サッカー始めたのよ」

そんな何げない会話から、僕が目指していたおすすめの食材や調理法といった情報を提供することもできます。

オンラインでの販売と、地域密着型の従来の販売手法のバランスもうまくとれ、オイシックスの業績は好調でした。

「八百屋っておもしろいな」

日に日にそう実感するようになりました。

起業気質

インターネットという初めての道具を使ったビジネスもおもしろかったのですが、一方で、僕はベンチャー企業で働くということにおいて、気づかされることが多くありました。

なんだかんだ言って大企業と言われる会社に勤めていた僕には、本当の意味での中小企業やベンチャー企業の実態はよく分かっていなかったと思います。正直、「預金残高を意識して経営する」ということも、「時間を有効に使って経営する」ということも、オイシックスに来て初めて実感しました。大企業では、お金はいつもどこかにあるという前提があったし、毎週、会社の預金残高を確認するという意識もありませんでした。正直言って、1年間売り上げ実績を上げられなくても給料は出たわけですから。

しかし小さな企業では、まさに〝タイム・イズ・マネー〟。事業化することが1日遅れることはつまり、入金が1日遅れることを意味します。小さな企業の場合、これは時として致命傷となるのです。

大企業であれば、100点の結果を得るために1年の準備期間をかけることもあります。しかし、ベンチャー企業では時として、まずは60点でいい、その代わり1週間で結果を出すことが重要です。どんなにいいものを作っても、資金不足などで次のステージにたどり着けなければゲームオーバーになるからです。この「60点がとれたら合格。次のステージへ行く」というスタンスは新鮮でした。最高のものを作ることばかりが是《ぜ》ではない。時にはある程度のクオリティのものを短期間で作ることが重要なこともある。前例のないビジネスをゼロから立ち上げる中で、IT企業における1分1秒でも早く動くそのスタンスには納得がいきました。むしろこのほうが、刻々と変わりつつある状況にもすぐに対応ができるような気もしました。

オイシックス時代に、僕は起業を目指す人にとって絶対になくてはならない気質を若い社員たちから学びました。今の僕には、あの頃に学んだことがかなり活きていると思います。

何のために働くのか?

オイシックスに出向する時、本当は会社を辞めるつもりでした。

若者がベンチャー企業で頑張っている中で、僕だけが、商社からの出向という守られた立場で新規事業に取り組むのはアンフェアだと思ったのです。やるからには、オイシックスの株を持って本気でやりたい。ここに骨をうずめる気持ちで人生をかけてやりたい。

しかし、日商岩井には僕以外にオーガニックビジネスを担当できるリーダーがまだいなかったため、「出向でどうか」と当時の上司に頼み込まれました。

会社は、すでに辞める決意を固めていた僕のために、「出向した社員は出向先の会社の株は持てない」という規則を変更し、出向先の株を持てることにしてくれました。

というわけで、オイシックスに出向した僕ですが、本社に戻ることはないだろうと思っていたし、また、戻って本社で仕事をしたいとも思いませんでした。一度実質的な経営に携わると、ヒラ社員としての仕事はまどろっこしく思えたのです。

やりたい仕事をするなら出世しろ、と言われます。本当にそうだと思いました。僕は出世したいわけではなかったけれど、自分で思うように仕事をするには、出世するか独立するしかないのかもしれません。

それまで、独立を考えたことは一度もありませんでした。入社当時から「日商岩井の社長になる」と大言壮語していたくらいですから。給料もよかったし、留学もさせてもらえたし、海外出張も多い。若手でも大きな仕事を任せられ、新規ビジネスも立ち上げさせてもらえました。

なによりも、日商岩井という大きな看板があれば、個人ではとても用意できないような潤沢《じゅんたく》な予算を使って大きな仕事をさせてもらえるのです。自己実現という点からしても何不自由ない環境でした。会社員であり続けるか、独立するか。リスクの少なさから言えば圧倒的に前者でした。

それが、オイシックスでの仕事を経て、僕の中で働き方の価値観が変わっていきました。

当時はＩＴバブルの中で、ベンチャー企業は「ジャパニーズ・ドリーム」とも呼ばれ、一攫千金のゴールドラッシュ時代のような期待と希望がありました。

一方で、バブル崩壊後の大リストラ時代で、一流大学を出て一流企業に勤めることが人生の勝ち組であるという構造はすでに崩れてもいました。リストラされる社員も増え、年功序列や終身雇用システムも崩壊していました。一流企業に入ったところで必ずしも安泰ではないのです。

そんな時代の流れの中で、オイシックスにも、東大を卒業後、一流企業に入社して高収入を得ていたような、いわゆるエリートと言われる人材が「給料が半分になってもいいから入社したい」「自分を懸けてみたい」と、続々と入社を希望してやって来ました。新天地でチャレンジする彼らの働きぶりには目を見張るものがありました。

人は、何のために働くのか。

彼らと接して、結局、人は自分が本当にやりたいことや使命感に対してしか命を懸けて働けないということを実感しました。もちろん、生きていくためには稼がないといけませんが、「給料がいいから」というだけで辛い仕事や人間関係に耐え粉骨砕身《ふんこつさいしん》できるものではありません。何かしらの自己実現がそこにないと続けられないのです。自分が社会に対して何かを提供できているという実感、お客様から感謝されてうれしいと思う気持ち、使命感、そういったものが、経営者並みの働きをさせる。その場所は、別に大企業じゃなくてもいい。高給じゃなくてもいい。勝ち組とか負け組とか関係ない。

大事なのは自分がいかに「納得して生きているか」です。

もしかしたら、それこそが僕が目指していた「独立したプロフェッショナルなビジネスパーソン」なのかもしれない。

僕が本当にやりたいことは何だろうか。

農業を次世代に継承できるような仕事。食を楽しめる社会をつくること。

２００１年10月、僕は10年以上勤めた日商岩井に辞表を出しました。

都会の中のファーマーズマーケット

商社を辞めた後、僕は「日本ベジタブル＆フルーツマイスター協会」（現・日本野菜ソムリエ協会）を立ち上げ、翌年には、野菜ソムリエを中心としたさまざまな価値創造を行うためのフードディスカバリー株式会社を起こしました。

ここで僕は、『Ｅｆ《エフ》：』という店をオープンしました。ズバリ、八百屋です。オイシックスではウェブ上で八百屋をやっていたわけですが、ついにリアルな八百屋をオープンさせたのです。

ちなみに、これを言うとがっかりされそうですが、店名の由来は、僕の名前のイニシャルです。

当時、日本の食料自給率は40％を下回っていました。安価な輸入食材などの影響もあり、日本の農家の経済的自立はますます困難を極める中、このままでは、本当に日本の農業はたちゆかなくなるという危機感が僕の中でも大きくなっていました。

そこで、畑から食卓まで〝生販〟一体の仕組みを作ることで、生産者が計画的かつ安定経営ができるような体制をサポートしたいと考えました。それまでは人材の育成というソフト面を強化してきましたが、美味しい野菜やくだものを販売する空間を作り、ハード面を充実させることで農業復興の一翼を担いたいと考えたのです。

それには、従来の八百屋ではなく新しいショップが必要です。

僕は昔から八百屋が大好きでした。季節の野菜が並び、店主に聞けばその日のおすすめが威勢のいい声とともに返ってくる。

しかし、今の若い人々、特に野菜が大好きな若い女性にとっては、あの荒っぽくて威勢のいい店主とのやりとりが苦手な人も多くいます。加えて八百屋の店主は、そういう人ばかりとは限らないのですが、決してこぎれいとは言えない人もいます。大きな声で怒鳴られると、萎縮してしまうお客様もいるはずです。

というわけで、新店舗ではスタッフの制服、挨拶の仕方など、すべてをコミュニケーションと考えるようにしました。パリのマルシェを彷彿《ほうふつ》させるような明るくお洒落な店作り、品揃え、スタッフの笑顔、それらすべてから美味しく楽しい食卓が想像できるようなスタイルを提供しようと考えました。

コンセプトは「都会の中のファーマーズマーケット」。

野菜ソムリエであるショップスタッフを通して、商品を販売しながら、ニンジンなら季節ごとの栄養価や旬の情報、生産者情報、おすすめのレシピなど、ニンジン1本の向こう側にある生活者が必要とする情報を提供することを目指しました。目指すのは、スーパーにはない、野菜やくだもののプロであるスタッフとお客様とのコミュニケーションを重視し、モノを売る場所というよりもコミュニティのような空間です。

僕はこう見えて、慎重に考える性格です。出店場所を決める時も、まずはスタッフに研修として、気になる物件の周囲を1週間ほど軽トラックで「引き売り」をしてもらいました。そうしてその商圏ではどんな野菜のニーズがあるのかをリサーチしたのです。

『エフ』の成功と失敗

2004年に1号店としてオープンした桜新町店（東京）は、商圏500メートルという小さな規模ながら、駅近で、開店当初から多くのお客様に足を運んでいただきました。スタッフは毎日黒板でその日のおすすめ野菜や食べ頃の野菜情報を知らせたり、お客様とのコミュニケーションの中で美味しいレシピを紹介したりと、活発な情報交換を行っていました。

商品は、農業法人などとパートナー関係を結びながら仕入れ、生産者から産地直送で納品してもらいました。足りないものは回転率などを考慮して市場で仕入れるようにしました。大量仕入れはせず、その日のうちに売り切るスタイルです。

なぜなら、生産者に量産を無理強いするようなことはしたくなかったし、四季折々の本当に美味しくて安心・安全な野菜を仕入れたかったからです。納品された量が予定よりも少なくても、ほかのもので需給調整をしました。

売り切れてしまうことをチャンス・ロスだと考える人もいますが、僕はそうは思いません。生鮮野菜を扱っている以上、しなびた野菜をいつまでも置いておきたくはないし、食べ物を扱っている身からしても廃棄処分はしたくないのです。

それでも、『エフ』の品揃えは充実していました。しかしそれは、やみくもにアイテム数を増やしたということではありません。

スーパーには、常時300以上の青果物が置かれていますが、僕にとっては品数はたいした問題ではないのです。むしろ、「今の時期はこの野菜が一番美味しい」という旬の野菜が揃っていればそれで充分でした。

野菜は旬の時期が最も美味しく、最も栄養価が高いとされます。

夏野菜のキュウリやナスは水分補給ができる一方で、熱くなった身体《からだ》を冷やしてくれたり、ゴボウなどの冬野菜には身体を温めてくれるものも多くあります。つまり、旬の野菜とは、その時期に身体が一番求めているもの。身体が欲しているものが、美味しい野菜になるのです。旬の野菜を食べていれば元気でいられるのだから、究極を言えば、店頭には旬の野菜が5～6種類あれば充分でした。

サラダを作りたいというお客様がいるからといって、レタスもキャベツもサラダ菜も全部ないといけないことはありません。その日一番美味しい葉ものがキャベツであるなら、それだけあれば充分なのです。

そういう意味では、『エフ』には旬の野菜は豊富にありました。

その後、『エフ』は東急田園都市線・東横線、小田急線沿線を中心に出店を重ね、2006年には9店舗まで増えました。

僕は、3年間で40店舗まで増やせれば、物流コストがさらに抑えられ、粗利率は60％まで上げられると目論《もくろ》んでいました。一般的に八百屋の粗利率は20％前後と言われていますが、『エフ』は9店舗を出店した時点で、すでにその利益率を上回っていたからです。

利益率がいいのは「値段が高いからじゃないの」と言われることもありましたが、

割高といってもせいぜい5〜10％程度。近隣にスーパーも乱立している中で、うちの店だけべらぼうな値段をつけるわけにはいきません。生産、物流、販売を一環して手がけたことが高利益率を可能にしていたのです。

２００６年の１店舗あたりの平均売り上げは１日８万〜10万円。固定費を差し引いても、これなら充分やっていける額です。お客様からの評判も上々で、僕は手応えを感じていました。

しかし、落とし穴がありました。

急激な店舗展開に野菜の仕入れが追いつかなくなったのです。

通常の野菜よりも、産直野菜は収量にムラがあるため、ある程度のだぶつきを想定して仕入れ計画をたててはいましたが、生産者からは、僕たちが想定した以上に、予定に満たない数での納品しかないことが多かったのです。

結局、野菜の多くを大田市場で仕入れざるを得ない状況になりました。

『エフ』では、伝えるべきことをきちんと伝えながらモノを売るということをコンセプトにしています。当時、大田市場で仕入れた野菜が美味しくなかったわけではありませんが、市場に一斉に出荷される野菜には、僕たちが求めていたストーリーがありませんでした。もしかしたら、本当は素晴らしいストーリーがあったのかもしれません。しかし、市場ではその情報を得ることができませんでした。情報は分断されていたために、市場経由でまとめて出荷される野菜には、品種や味や美味しい食べ方はもちろん、その向こう側にいる作り手の顔もこだわりも一緒に出荷されていなかったのです。

店の棚は埋められても、伝えるべき情報がない。物語を伝えて、その物語も一緒に食べてもらうというコンセプトが本末転倒になりました。『エフ』はもはや、「都会のファーマーズマーケット」ではなくなってしまっていたのです。

そして、ビジネス的にも大赤字になってしまいました。

一番の反省点は、農業界や食品流通業界に精通していた僕たちが、その知識や経験を過信していたことです。コンテンツやイメージなどのソフト作りはできても、現場感がありませんでした。だから、オペレーションに落とし込んだ時に発覚したさまざまな問題に対処しきれなかったのです。

さらに、『エフ』のスタッフはただ商品をパッキングして並べるだけではダメです。自分自身が情報発信人にならなければなりませんが、急激な多店舗展開で人材の育成も追いつかなくなっていました。

「都会のファーマーズマーケット」というコンセプトに立ち戻ろう。僕は店舗数を縮小し、ビジネスを立て直すことにしました。

２０１０年には、都内3店舗のどの店も黒字転換することができました。販売スタッフは全員がジュニア野菜ソムリエ資格取得者。商品の量も質も、コミュニケーションも充実しています。

赤字になりながらも、なぜ小売店にこだわり続けるのか。野菜ソムリエのことだけをやっていればいいじゃないか。そう言われたこともあります。

確かに、野菜ソムリエ事業だけをやっていれば損失を出すこともなかったでしょう。しかし、僕が何のために働いているのかといえば、農業を次世代に継承し、理想の社会をつくるためです。

そのためには、人材育成やコンテンツを充実させることも大切ですが、やはり、実際の実業モデルとして〝生販〟一体の仕組みを作る必要があると考えています。それをやらずして、畑から食卓までをマネジメントするという、野菜ソムリエの存在は活かされないと思うのです。

これからも、『エフ』はより進化していきます。

農業にも研ぎすまされた経営感覚を

昨今、未曽有《みぞう》の農業ブームが到来しています。これまで3K産業の筆頭だったはずの農業が、にわかに注目を浴びているのです。全国新規就農相談センターが主催する「新・農業人フェア」は、2009年の開催時、フェア始まって以来の来場者を記録したといいます。

ある人は田舎での農的生活に憧れ、ある人は頑張れば頑張っただけの結果が出せる農業に惹かれ新規就農する。定年後、自給自足生活を始める人や、農業に新規参入する企業。「農業だって可愛くお洒落に」と、新しい農作業着を提案するギャルたち。農業を目指す動機はさまざまですが、今まで農業に見向きもしなかった人々が農業に注目し始めたのは、喜ばしいことに違いありません。

しかし、それだけでは産業としての農業は活性化しません。農業を産業として活性化させ、農業経営者の経済的発展ということをゴールとするならば、僕は今の農業ブームは非常に危ういものではないかと考えています。今は農業ブームというよりも、〝農作業ブーム〟だと感じています。

商社勤務時代から農業従事者と仕事をする中で感じたのは、農業は絶対に一朝一夕にできる簡単なものではないということでした。

たとえば、トヨタが愛知の工場で造る自動車は、宮城の工場でも造れるものです。しかし、群馬で栽培されたレタスと同じレタスを、隣の長野で栽培できるかというと、そう簡単にはいきません。作れるようになるまでに時間がかかるでしょう。土や気候が変われば、野菜の栽培方法も変わるのですから。それに農業は、会社勤務のように朝9時から夕方5時まで、という時間軸でも測れません。ここに農業の難しさがあります。

しかも現代は、作るのに100円かかる野菜を80円でたたき売っている状態です。この構造を変えない以上、いくら企業が参入したところで、何も変わりません。

一番必要なのは、生産者一人一人の「経営感覚」だと思います。

農産物の輸入自由化を求めるアメリカは日本農業の敵とされてきましたが、実はそのアメリカも、北米自由貿易協定が制定された後、メキシコなど海外からの安価な輸入農産物によって国産の農産物が打撃を受けていました。

その中でも、生産者は生き残りをかけて、農業で稼いでいくための経営センスを磨いています。

90年代に出会った日本の農家の人々には、農業＝ビジネスという感覚が乏しかったように思いました。家族が暮らせればそれでいい。家計簿もどんぶり勘定。差別化を図るための工夫、販売努力など、他産業ではあたり前のことが、農業界では行われていなかったのです。つまり、経営感覚が乏しい。

農業でも経営感覚は必要です。いや、農業にこそ必要といってもいいかもしれません。自然相手の仕事では想定できないことが多々起こります。だからこそ、研ぎすまされた経営感覚を持たなければならないのです。

心血注いで美味しい野菜を作っても、売れなければ意味がありません。その美味しさも広まらない。販売努力をしないまま、「農業は稼げない」「3K産業だ」と言ったところで、問題は何も改善しないのです。これでは、後継者も育ちません。

野菜やくだものを作ることを生業《なりわい》とし、農産物を販売することで経済活動をし、会社員並みに収入が得ることができる。そうならない限り、産業としては農業は活性化しないように思います。

本当の意味で農業を活性化するためにも、農業でも充分に生活できるように、生産者にも農業でビジネスをするという感覚を持ってほしいと思います。

第六章　提供したい、本当の「価値」

生活者にとっての「価値」とは何だろう

仕事をするうえで一番大切にしていることはと聞かれたら、僕はそう答えています。

「生活者視点」。

どんなビジネスを展開するにしても、絶対に持ち続けなければならないのは「生活者視点」です。言葉にしてしまうとありふれた響きですが、それは時に顧客第一主義、お客様中心主義などと名前を変えながら、多くの企業が目指すキーワードとなっています。

お客様のために、これだけ品揃えしました。

お客様のために、こんなに安くなりました。

お客様のために、特別にご用意しました。

すべては、お客様のために。

しかし、現実的にビジネス界で行われているのは、顧客中心主義という名の「売り手主義」だと僕は感じています。

本当にお客様＝生活者が欲しているものを提供するというよりは、自分たち＝売り手側が「売りたいもの・儲かるもの・売れるものを売っている」という構造が、今の流通業界にはあると思うのです。それは、こと「食」という分野においては顕著だと思います。

そう感じたきっかけは、野菜ソムリエが多くの企業とコラボレーションする機会が増えたことでした。

ある食品メーカーと一緒に新商品開発をするとします。メーカー側は、僕たちに、何百万、時には何千万という費用を払って商品開発を進めます。

もちろん、お金をいただけるのはありがたい。

ところが、相手は大手食品メーカーばかりです。

彼らの商品開発力やマーケティング力は超一流です。社内にはマーケティング一筋の専門家や、すご腕の商品開発担当社員だっているはずです。その一流企業が、なぜわざわざ大金を払って、素人の延長である野菜のソムリエと商品開発をするのでしょうか。この構造が、僕には不思議でした。

どうしてそうなるのか。

考えて気づいたことがあります。

新商品を開発する時、まずは生活者がどんなものを「あったらいいな」と思うかを考えます。そのニーズを最も大切にしながら、商品開発がされている……と、多くの生活者は思っているはずです。

だが実は、現実は必ずしもそうではありません。

作り手側が一番最初に考えることは、「自分たちが今持っている製造ラインで作れる商品は何か」です。2番目に「原材料は安定供給できるか」、そして3番目に「利益を出しながらも販売しやすい価格帯で展開できるコスト構造になるか」。製造ライン、原材料の安定的な調達、売りやすいコスト構造。この3つが商品開発では最重要視されるのです。

「お客様が何を望んでいるか」という要素は、4番目、5番目、もしかしたら6番目ぐらいになってしまうかもしれません。

今のような時代背景の中で、企業が利益を追求する集団である以上、それは仕方のないことかもしれません。

食品は生活者の生活に密着しているからこそ、各社は広告宣伝にも費用をかけます。ある意味、お客様志向が最も強い業界であるはずです。なのに、商品開発時には、自分たちの都合が最優先されてしまうことには、違和感を覚えます。

また、消費不況が10年も20年も続いていることも不思議でなりません。

大手スーパーマーケットやコンビニエンスストア、外食チェーン店など、どの業界もそれなりに小さくはない予算を使ってマーケットリサーチをしているはずです。にもかかわらず、売り上げは右肩下がりが続いています。この大不況の中では、「昨年対比何パーセント減」という状況はもはやあたり前になっています。

しかし本当に、食べ手である生活者のニーズをしっかりと把握し、それに合った商品を提供できているのであれば、こんなに売り上げは下がり続けないと思うのは、正論すぎるでしょうか。

つまり、僕はこう考えます。

今、プロはプロであるがゆえに、生活者視点が見えなくなっているのではないかと。

だから、素人の延長である野菜ソムリエが頼られているのではないか。

企業とコラボレーションをする時、先方からある商品を提示されたとします。その商品の背景にある物語や商品の特徴を伝えずに味やパッケージの感想を聞いてみます。すると、野菜ソムリエたちは相手の都合を考えることなく、純粋に一人の生活者としての意見を率直に伝えます。たとえそれが、そのメーカーにとっては自分たちのこだわりの作り方であり、企業からすれば本物とされる秘伝の何かであったとしても、です。

それこそが、まさに企業が求めている生活者視点なのだと思います。作り手は、過去の成功体験――たとえば、空前のブームを巻き起こした大ヒット商品――があればあるほど、その体験を自らでは否定しにくいもの。だからこそ、生活者視点を持ち続ける野菜ソムリエの意見が重要になるのだと思うのです。

ちなみに、企業の商品開発のために野菜ソムリエの派遣を要請された場合、僕たちは、一人のソムリエが同じ企業との仕事を3年以上続けることがないようにしています。なぜなら、同じ企業と3年仕事をすると、生活者視点を持ち続けることが難しくなるからです。

最初は一人の生活者として「こういったものが欲しい」と言いたい放題言えるし、それが企業にとっては「目から鱗《うろこ》」な発見やひらめきにもつながります。しかし、やりとりを続けるうちに相手先の実情が分かってくると、ソムリエの中にも、「こんなこと言っても無理かもしれない」「相手が無理なく実行できる意見を言ったほうがいいかもしれない」と、いろいろな慮《おもんぱか》りが出てくるのです。

この慮りこそが、まさに売り手都合だと僕は思います。

お客様第一主義という名を借りた売り手都合主義。

それは、20世紀の過去の遺産です。


「ネスレのゴールドブレンドを特売したら、店の前に行列ができたんですよ」

商社マン時代、あるスーパーのバイヤーにそう言われたことがあります。

もちろん、現代はコーヒーにも実にさまざまな商品があるし、デフレの世の中では、ちょっと特売したぐらいでは行列なんてできないでしょう。

しかし、限られた情報しかない時代には、「お得ですよ」と情報を小出しにするだけで人々は飛びつきました。

ファッションもそうです。90年代に入る頃の渋カジブームの時、渋谷のスクランブル交差点に行くと、猫も杓子《しゃくし》も〝紺ブレ〟を着ていました。しかし現代は、当時のような大きなブームが不在と言われて久しい。国民的歌手という存在もいなくなりました。でも、それが正しいと思うのです。1億2000万人全員が好きになる服や歌手なんてないはずなのですから。

現代は、生活者の好みが細分化されています。そしてそれは、生活者の心を摑《つか》むことができそうでできないというじれったい現状を表してもいます。

モノを売る人々にとって最も大切なのは、「いかに生活者視点を中心にとらえることができるか」だと言いました。それさえブレなければ、何かをプランニングする時に、自分たちの勝手なご都合主義になっていないかを自己チェックすることもできます。

このことが意味するのは、「生活者にとっての価値とは何だろうか」ということをしっかりと認識しなくてはいけないということです。それが、今後のビジネスにおいて最も重要となります。

生活者にとっての「価値」とは何でしょうか。

僕は、それは「V＝Q／P＋α」という方程式（図1）で表すことができると考えています。

共感・共鳴のマーケティング

20世紀の経済学は、「V＝Q／P」という方程式ですべての経済価値が表現できました。つまり、モノもサービスも、その価値《バリュー》（V）はプライス（P）とクオリティ（Q）のバランスで決まっていたのです。同じQでもPが安くなればVは高くなります。Pを下げてQを上げれば、Vはさらに上がります。Vを高めるための変動要素はPとQだけでした。

ここで言うQとは、コーヒーでいえば、タンザニアやエチオピアのような産地のものだったり、テイストだったり、コーヒー豆のピ

(図１)生活者にとっての価値の方程式

$$\underset{\substack{\text{価値}\\ \text{value}}}{V} = \frac{\overset{\substack{\text{quality}\\ \text{質}}}{Q}}{\underset{\substack{\text{価格}\\ \text{price}}}{P}} + \underset{\substack{\text{付加価値}\\ \text{alpha}}}{\alpha}$$

※αは共感、共鳴、感動、ライフスタイルのこと

ッキングは機械なのか人の手なのか、というようなことです。

ダイエーの創業者である故・中内㓛さんは、ある時、新聞の一面広告で「日本の物価を半分にする」と言いきりました。物価（P）を半分にするということは、バリュー（V）が倍になるということです。

中内さんはフィリピンで終戦を迎えて帰国した時、「日本国民が腹いっぱい牛肉を食べられる社会をつくろう」と誓ったといいます。彼は、新入社員でも作れるようなセルフスタイルの店舗を短期間で大量出店することで、腹いっぱい牛肉を食べられる理想の社会をつくれると考えました。大量出店すれば大量仕入れができる分、販売価格も抑えられるからです。彼は確固たる信念のもと、現在のチェーンストア・オペレーションという仕組みをつくり上げました。

今よりもモノが足りない時代、中内さんによる「国民が牛肉を腹いっぱい食べられる社会をつくる」という命題の設定と、それに対する手法は大正解でした。だからこそ、ダイエーは一気に拡大していったのです。

Pを下げることで中内さんの命題は実現されました。他社も追随し、「エブリデー・ロープライス」があたり前の世の中になりました。

では、次はどうすればいいのか。

実は、その次の命題は未《いま》だ提示されないままでいるように思います。

僕なりの解釈では、「胃袋を満たす産業から、心を満たす産業への脱皮」が、21世紀に求められている食産業の姿です。


Vが高いということはつまり、社会から支持されているということです。

食産業においては、不景気になると「Q／P」が最重要視される分野が、今でも7、8割はあります。それはいわゆる「メジャー」なもので、常にQ／Pです。一方で、まだメジャーではないけれど新たな動きとして認知されているものは「ムーブメント」と呼ばれます。今の時代、食品業界でムーブメントになっているもの、つまりVが高いものをリストアップしてみます。スローフード、フードマイレージ、地産地消、エコ、ロハス……というキーワードが浮かび上がりますが、これらのキーワードはV＝Q／Pのどこに当てはまるのかというと、どこにも当てはまりません。

これらは、あらたに生まれた「＋α＝付加価値」です。つまり現代は、この＋αを何にするかで、モノが売れる時代だということなのです。

αとは、共感、共鳴、感動、ライフスタイルのことを指します。ある概念に共感したり、自分のライフスタイルに合っていると感じる人にとっては、少々V＝Q／Pのバランスが悪くても気にせずに、自分が共感できるαがあるほうを選びます。αは、Q／Pよりも大きな価値を生んでいるのです。

共感、共鳴、感動というのは心の問題です。20世紀はモノを手に入れることが目的でしたが、21世紀は、いかに「心を満たしてくれるか」が購買動機になっています。食で言えば、いかに胃袋を満たすかという産業から、いかに心を満足させられるかという産業へのシフトが求められつつあるのです。＋αは、情報かもしれないし、安心・安全かもしれないし、スローフードであることかもしれない。人の心の満たされ方はそれぞれ異なります。

ちなみに、業績絶好調のユニクロは、間違いなく究極のQ／P。QとPのバランスが圧倒的です。なにしろ、1万円だったフリースを1000円で販売したのですから。ヒートテックも然り。温かさというQと、それが1000円というPのバランスが圧倒的にVを高めています。

実は僕自身、ユニクロのヘビーユーザーです。今までは気に入れば何万円もするポロシャツを買っていましたが、ユニクロのポロシャツを初めて購入して以降、周りの友達にもすすめ、今ではユニクロ自慢をするくらいになっています。

また、彼らの店作り、商品の陳列の仕方、買い物袋など、どれをとっても基本的にシンプルです。PとQのバランスが最大の売りになっているのだから、どの程度のカッコよさや洗練度をクリアすればいいのかをきちんと把握しています。究極のQ／Pを実現している会社だと思います。しかし、彼らの商品や商売はお得感や実用性には富んでいても、心を揺さぶるような感動や共鳴や共感は呼びにくいでしょう。

＋α型のメリットは、価格競争にさらされないことです。

＋αの世界で勝負する人々がするべきことは、まず、自分たちが提供している価値はどういうものなのかを認識することです。その価値を認識せずして、伝えることはできません。

提供する価値が認識できたら、次に、その価値はどのような人々から共感、共鳴、感動されるかを考えます。そして、その人々はどんな場所にいて、どうすれば彼らにアクセスできるのか。アクセスに成功したらどんなメッセージを伝えるのかを考えていきます。これはまさに、マーケティング戦略そのものです。

料理教室も、Q／P型であれば徹底的にPを下げてQを上げたワンコイン料理教室でいいのかもしれないし、＋α型であれば、場所、レシピ、教室の空間などもう少しハイエンドにしたほうがいいかもしれない。大切なのは、中途半端に両者を融合させないことです。

これは、別に難しいことではありません。自分が提供している価値が何で、その価値に共鳴してくれる人は誰で、その人たちがどこにいるのか、どうやって彼らにアクセスしたらいいのか、そして、どういうメッセージを伝えるのか。それを自分自身で認識せよということなのです。そこにも、生活者視点は欠かせません。

これは商売に限らず、仕事のやり方や「自分プレゼン」という意味でも同じことだと思います。

「心を満たしてくれるかどうか」。それが、現代の商売の成功の秘訣です。

野菜ソムリエ協会に置き換えて考えるとどうでしょうか。

渋谷の駅前で時々、缶飲料の新商品の無料サンプリング調査を見かけます。見ていると、多くの人が、時には列を作ってまでもらっていきます。これはなぜかというと、缶飲料はまさにQ／Pの商品だから。つまり、誰にとっても一定の価値がある商品なのです。

同じように、「野菜ソムリエ講座を無料で受講できます」と渋谷でインフォメーションしてみます。しかし、ほとんどの人がいらないと言うはずです。食、勉強、資格に興味のない人からすれば時間がかかるだけで、タダであってもいらないという人は大勢いる。野菜ソムリエは誰にとっても価値があるものではないからです。しかし、「タダでもいらない」という人がいる一方で、「100万円出しても受けたい」という人もいる。

実際、毎回講義のたびに北海道から上京して受講しジュニア野菜ソムリエの資格を取得した人がいました。彼女が資格取得にかかった費用は100万円を超えていたと思います。

タダの缶飲料は誰もが欲しい。でも、僕たちが提供しているものは、タダでもいらない人が大半なのです。でも、100万円でも欲しいという人はいる。つまり、野菜ソムリエは+α型なのです。

僕たちは、「タダでも要らないという人がほとんど」というところから始めました。雑誌のグルメ特集は反響が大きいと聞きます。食というキーワードに共鳴できる人は日本の人口の半分はいるのかもしれません。しかし、興味・関心があるということと、野菜やくだものの美味しさを楽しむということは少し違います。

僕たちが求める対象は「食を楽しむ人たち」です。そして、その人たちはどこにいるかというと、野菜ソムリエの資格をとった修了生たちの周りにいると考えています。

彼らにアクセスするために、「ベジフル・メンバーズ・クラブ（VMC）」という修了生の会に友人を連れてきてもらったり、「野菜ソムリエになりましたカード（資格取得を証明するカード）」を周囲の人々に渡してもらっています。また、修了生の約1000人は自宅で料理教室を開催しているので、その料理教室を野菜ソムリエ協会認定として、教室に来た生徒さんたちに協会や野菜ソムリエのことを知ってもらったり、さらには、野菜が美味しいと評判のレストランを「日本野菜ソムリエ協会認定店」として、やってくるお客様に訴求する。こうした地道なプロセスが、僕たちが短期間で有名になった一つの核になっていると思います。

NHKの番組に出たことも知名度を上げてくれましたが、認知度が高まったのを実感したのは、修了生が1万人を超えたあたりからでした。修了生のうち1000～2000人はブログを持っていて、そのブログの中で野菜ソムリエの情報発信をしてくれました。実際に申し込み理由の8割が、口コミによる情報です。つまり、＋α型である野菜ソムリエ協会や野菜ソムリエは、すべて口コミで広まったのです。

口コミが広まるまで待っていられないし、そんなに時間もお金もかけられないという人もいるかもしれませんが、ブログやツイッターといったインターネット上のコミュニケーションツールのおかげで、ますますパワーアップしている口コミの威力はあなどれません。

成熟した社会で

食産業に従事しながら、日本の農業や生活者が喜ぶような情報を提供する。食品流通システムの中で一つの役割を担う。

野菜ソムリエの仕事をそうイメージしていました。

だから受講生も、野菜ソムリエになると給料が高くなる、仕事に活かせるという分かりやすい理由で受講する人が多いと考えていました。

しかし実際に集まってきてくれたのは、専業主婦歴30年という女性や、食とはまったく関係のない業種の会社員など、多くが一般の生活者でした。

彼らは資格取得後、どんな人生を歩もうと考えているのでしょうか。誰かに資格取得を強制されているわけでもないし、野菜ソムリエになったからといって、所得が増えるわけでもない。

それでも、資格を取得しようと、多くの人が集まってくれる。

ある女性に、なぜ、野菜ソムリエになりたいのですかと尋ねると、こんな答えが返ってきました。

「30年以上主婦業を続けて料理を作ってきたけれど、野菜やくだもののことについてまともに考えたことがありませんでした。もっと食材について体系的に学びたいと思ったんです」

僕の中では、その答えに違和感がありました。なぜなら、僕よりも彼女のほうがはるかに野菜やくだものについて詳しいはずなのです。30年間、毎日買い物して料理を作っているわけですから。しかし、その彼女たちですら、野菜やくだものについて改めて学びたいと言う。学んでないからといって怒られるわけでも、社会から非難されるわけでもない。資格がないことで経済的な損失があるわけでもない。でも、彼らは資格取得のために安くはない受講料を払ってくれる。このニーズはどこからくるのだろうか。

協会設立から数年の間、僕はこの状況を理解することができませんでした。

でも、今はわかります。

日本の社会も、欧米型の成熟した市民社会に移行してきていると思うのです。誰からも褒《ほ》められない、お金にもならない。でも、自分がやりたいからやる。そういう人々が増えつつあるのだと感じています。


野菜ソムリエ協会設立当初の講座はプロ向けにカリキュラムを組んでいたので、内容がかなり高度であり、実際に受講している一般生活者のニーズともギャップが生じてきました。

そこで、2002年から、コースを3段階に設定しました。

あらたに、野菜やくだものについてまったく知らなかった人でも受講できる初級の「ジュニア野菜ソムリエ」コースを創設。生活者として野菜やくだものをもっと楽しめることに重点を置き、健康や美容面、グルメなどの情報を広く浅く提供しながら、食生活を楽しめるような内容にしました。

中級の「野菜ソムリエ」コースでは、マーケティングやマーチャンダイジングなど、よりビジネスに即した内容の講義を用意し、最終的にはそれらの知識をきちんと「伝えられる」ということをゴールに設定しました。上級の「シニア野菜ソムリエ」コースは、さらに社会で活躍し、ビジネス面でも人々を導いていけるような人材の育成を目指しました。

もしも、契約という点で考えれば、受講生は講座を修了し、試験に合格し、「おめでとうございます」の声とともに認定証書を渡された時点で、野菜ソムリエ協会との契約は完了するでしょう。

しかし、認定証書を渡すだけでは、僕たちが目指す「誰もが食を日常的に楽しめる社会」も、「農業を次世代に継承する」こともできません。

野菜ソムリエには、野菜ソムリエ協会のパートナーとして、一緒に理想を実現してほしいと考えています。だからこそ、僕は受講生が野菜ソムリエになってからの働きかけが最も重要だと考え、さまざまなコミュニティを提供し、働き方も提案していきます。さまざまな形で資格取得後のサポートをする。そこが、ほかの資格との大きな違いかもしれません。

野菜ソムリエになった後の活動で僕が最も大切だと思うポイントは、「一人一人がそれぞれのやりたいことを通じて、社会に価値を提供することができる」ということです。

それは、何か目立つような活動をする、マスコミに取り上げられる、ということだけではありません。

家族の健康のために資格を取得した主婦が、今では料理教室を開催し、メーカーと商品開発をしてもいます。世の中には、「私は主婦なので何もできません」という人がいますが、野菜ソムリエ協会の活動では、そんな主婦の方々も生き生きと活躍されています。

時々しか料理をしない僕と違い、彼女たちは毎日買い物をし、家族のために料理を作り続けている。それはつまり、野菜やくだものに関して、僕が知らないこと、見ていないことをたくさん見ているということ。だからこそ、伝えられることもたくさんある。専業主婦〝だからできない〟のではなく、専業主婦〝だからこそできる〟ことに気づかされるのです。

それは、奥さんが旦那さんに、野菜について語ることから始まってもいい。家に友達を呼んで料理を作ることでもいい。一つ一つは小さな動きかもしれませんが、全国100万か所で行われるようになれば大きな動きになる。それが、第一章でお話しした「社会を変える」ということです。

しかし、積極的な方は協会の後押しやサポートがなくても独自に歩みを進めていくことができますが、そういう方ばかりではありません。

そこで野菜ソムリエ協会では、誰もが一歩を踏み出せるようなお手伝いとして、いくつかの場を提供しています。

道の駅で起きたこと

今、各地で農産物の直売所が人気を集めています。2009年、秋田県で最も売り上げを上げたのが「道の駅十文字」でした。ここは店長以下、5人の野菜ソムリエが対面で販売をする直売店です。

先日、店長にお礼を言われました。

実は２００８年に、僕はこの店を視察で訪れていました。その時、店作りや店舗運営について僕なりに気づいた点をいくつかアドバイスしていました。そのことを実行したから売り上げが一番になったというのです。

といっても、僕はたいそうなアドバイスをしたわけではありません。僕が言ったことは、「自分たちが提供している価値は何かをしっかり認識して、それをどう伝えるかを考えたほうがいい」ということだけでした。

それから彼は、マイクを握り、その日の野菜ソムリエのおすすめを伝え、店内でもレシピを紹介したりと、野菜ソムリエの視点からさまざまな情報提供を始めたそうです。それによって、県内で売り上げがトップになった。

これは、僕が最初に考えていた野菜ソムリエの理想形であり、産業界における野菜ソムリエの役割はまさにこれだと思います。生活者視点に立った、中立的で、第三者的な情報提供を実践することが、野菜ソムリエらしさです。

僕の目標とする「農業を次世代に継承する」ためにも、農業を活性化できる術《すべ》を考えています。それには2つの方向性があります。1つは、消費材としての野菜やくだものを販売すること。もう1つは、サービス材としての野菜やくだものを提供すること。野菜ソムリエの役割は後者なのです。

野菜ソムリエの多様な可能性

今、僕たちはあらたなステージに到達しつつあります。

今までは野菜ソムリエ協会が主役でしたが、これからは野菜ソムリエの一人一人が主役となるし、そうなってほしいと感じています。

なぜなら、僕たちが目指す具体的なビジョンで言えば、これからの時代は「ワン・トゥ・ワン型のコンシェルジュサービスの提供」がカギになると考えているからです。日本の人口1億2000万人全員に画一的なサービスを提供するのではなく、修了生一人一人が提供する＋αを認識し、そこに共鳴する人々をフォローしていくことが、これからの形だと考えています。

今までは、モノでもサービスでも、提供する側が自分たちの都合で作り出したものの中から生活者が自分に合っているものを選択してきました。それをあえて既製服型の産業だとすれば、これからは確実にオーダーメイド型に変わると思います。いや、すでに変わりつつあります。それはまさに、一対一のコンシェルジュ社会。

その社会において、僕たちがこれから提供していきたいサービスは、まず、野菜ソムリエによる「栄養指導」です。

それは、相手のニーズに合わせた栄養指導であり、そこに想定しているのは、決して一般の生活者だけではありません。マラソン選手やプロ野球選手のようなアスリート、ファッションモデルなど、プロフェッショナルと呼ばれるさまざまな職業の人々です。職業もライフスタイルも細分化された彼らすべてに対してきめ細かなフォローとサービス提供ができることを目指しています。

その一環として、「ベジフルビューティー」と称し、美容のための野菜やくだものが学べるコースもスタートしました。講座修了時には、「肌がきれいになるような食生活をしたい」「よく眠れるような食事を摂りたい」などというリクエストにもアドバイスができ、学んだ知識を自分自身の〝きれい〟のために活かすこともできます。

「野菜ソムリエに栄養指導ができるの？」と思われるかもしれません。

確かに、栄養指導と言えば今も管理栄養士の独壇場です。

管理栄養士は、国家資格でありながら、資格取得者の主な仕事といえば、病院や学校給食の献立を作るというイメージがあります。もっと活躍の場はあると思うのですが、彼らと接する機会と言えば、会社で受けるメタボ検診くらい。そこでは、「タバコは吸ってはいけません」「食べ過ぎですね」「もっと野菜を食べたほうがいいですね」「このままだと病気になりますよ」という、どちらかというとネガティブな栄養指導ばかりが行われているような印象があります。

しかも、それらは言われなくても本人がすでに認識していることが多いように思います。

管理栄養士のカロリー計算をもとにした栄養指導は、情報の伝達が中心になっています。情報で人が変わるのであれば、この世から喫煙者はいなくなるでしょう。肥満だって同じです。みんなタバコも食べ過ぎも身体によくないということは知っています。でも止《や》められない。そこには情報を超えた何かがあるはずです。

「このままだと病気になります」ではなく、「こうすれば、あなたが求めている身体になりますよ」という前向きなアドバイスや気づきに変えたい。それができる存在が、野菜ソムリエだと思うのです。なぜなら、管理栄養士にできなくて野菜ソムリエにできることは、感動を伝えることだからです。

今、僕は医療との連携も視野に入れています。最終的には、メディカルとフードが融合したクリニックをつくりたいと考えています。「医食同源」をどんどん打ち出し、そのノウハウを野菜ソムリエにフィードバックし、カウンセリングができるようなイメージです。

食と医療は、融合しているようで、まだまだ融合しきれていないところが多くあります。僕たちがオーナーシップを持つ空間をつくることで、そのコラボレーションの完成度を高めることができるはずです。

近年、海外でも野菜ソムリエは受け入れられつつあります。２０１０年３月には、韓国でも野菜ソムリエの講座をスタートしました。２０１３年４月の時点で、５００名ほどの野菜ソムリエが誕生しています。最初は海外で受け入れられるかどうかの確信が持てませんでしたが、民族や宗教に関係なく、健康で長生きしたいというニーズは万国共通。しかも、健康で長生きすることを考える時、食、とりわけ「野菜」は、世界中どこの国でも重視されている。食への思いは、どの国でも変わらない。そういう意味では、生活者視点で野菜やくだものの楽しさを伝えていきたいという僕たちの想いは、世界共通のテーマになりうるのではないかという手応えを感じています。今後、野菜ソムリエ協会の活動は中国、台湾、シンガポール、タイなどのアジア各国でも展開していくことになりそうです。

野菜ソムリエのほかにも、パンアドバイザー、カレーマイスター、調味料マイスターなど、いくつかの認定資格も創設しました。これらも、「こんなことを学びたい」という現場の声から生まれたものです。

第七章　野菜ソムリエは進化する
——これからの10年

野菜ソムリエ協会は、なぜ成功できたのか

日本ベジタブル&フルーツマイスター協会（現・日本野菜ソムリエ協会）を立ち上げて12年。今まで僕がやってきたこと、そして、これからやっていこうとしていることに、まちがいはないという自信が芽生えてきています。この間、野菜ソムリエをモデルに、食にまつわるさまざまな〝ソムリエ〟を名乗る民間資格協会が誕生しましたが、継続的に発展しているケースは、ほとんどないと思います。

なぜ野菜ソムリエ協会は、発展し続けているのか。その理由は、3つあると僕は考えています。1つは、僕が協会を始める時、何があっても変えないでおこうと決めた軸が、12年間ずっと、ぶれなかったためだと思います。「食を日常的に楽しむ社会をつくる」「農業を次世代に継承する」という2つの軸です。

2つ目は、その軸に共鳴してくれる人たちが、僕の思った以上にたくさんいてくれたおかげです。資格取得者は4万数千名ですが、その数倍の資料請求者がいます。社会情勢の変化にともなって、日本の食はこれから大丈夫なのか、日本の農業はこれからどうなるのかという不安が、日常の食生活はもちろん、流通業、農業などの現場の

方たちにも広がっているのだと思います。野菜ソムリエ協会は、そのような漠然とした不安を抱え、現状を変えたいと思っている方たちの受け皿としての役割を果たしているのではないかと分析しています。

日商岩井に在籍していた頃、有機農産物の提携運動を展開している方に何度かお会いしました。社会運動家としても人間的にも、とても魅力的な方でした。正しいことを言い、正しいことをされている。それなのに、なぜ、この運動が広がらないのか。商社マンだった僕は、そこに疑問を感じました。

考えた末、僕なりに出した結論は、社会に正しいと思うことを訴えるだけの社会運動では限界があるということです。「この指とまれ」と呼びかけた時、主体的に自分から指にとまってくれる人は限られています。ほとんどの人は、仮に共感しても傍観している。理念中心主義の運動は、呼びかけに共感した主体的な仲間で運動体を作りますが、その周辺にいる傍観者にとっては、ハードルの高い組織になってしまいます。僕は、もっと現実的にハードルを下げ、2つの理念を実現できる社会事業家の手法をとろうと考えました。「この指とまれ」と言っても傍観している人たちを、いかにして巻き込むか。日常生活に根ざした形で、一歩踏み出しやすい環境を作るのかがポイントだと思いました。

野菜ソムリエ協会を立ち上げた時、最初は、「あんな素人集団に何ができるのか」と言われました。僕自身、最初は主婦の方やＯＬさんではなく、食産業のプロを対象に「この指とまれ」をやろうと思っていたので、蓋を開けてみたら、主婦の方やＯＬさんから支持が集まったのは想定外でした。しかし、彼女たちの問題意識の高さに気づき、すぐに発想を変えました。彼女たちは、育児や自分のからだに直結している食に対する感性が非常に高いのです。今なら声を大にして言いますが、「素人に何ができるのか」という発想は、まちがっています。社会を変えるのはプロではなく素人です。大学の著名な学者や大手企業の社長ではなく、一般の主婦の方やＯＬさん、そういう人たちが動けば草の根的に社会が変わるのです。

３つ目の理由は、資格取得者たちの「発信」をサポートする業務に重きを置いたことです。これは、アントレプレナー・オブ・ザ・イヤー・ジャパンのセミファイナリスト16人に選出された２０１１年、５分間で自社の業務をプレゼンテーションするために、改めて我々の事業を分析した時、僕自身が再認識させられたことです。

僕たちの業務の柱は４つあります。野菜ソムリエ協会という存在を認知してもらうための業務。認知してもらった後に、野菜ソムリエとはなんだろうと興味を持ってもらうための業務。さらに、受講してもらうための業務。この「認知」「興味」「受講」という3つの柱は、どんな教育事業を行っている業務でも同じです。野菜ソムリエ協会は、そこからがちがいます。

ふつうは、講座修了後に試験を実施し、合格すれば合格証を発行して業務は終了です。不合格なら、また頑張ってくださいというだけです。ところが、野菜ソムリエ協会は、受講して試験に合格した修了生を対象に、自らが発信者になるためのサポート業務にコストの20％弱をかけています。商社風にいえば、お金にもならないことにそんなコストをかけるなど、馬鹿げています。しかし、実は、この業務が非常に大切なのだということを、この12年で痛感しています。背景には、21世紀に入り、インターネットの登場によって、情報発信のあり方が劇的に変化したことがあります。

「20世紀型発信」と「21世紀型発信」

20世紀は、社会への情報発信の機能が、一部大手マスコミにほぼ独占されていました。マスコミの情報には2種類あります。1つは、記者が取材して記事を書くパブリシティ的な情報。もう1つは、大企業からお金をもらい、広告宣伝するというプロモーション的な情報です。しかし、前者では、マスコミが興味を持つ情報しか発信されず、後者では、当然のことながら大企業が自社サービスを売り込むための情報しか発信されません。

インターネットは、こうした情報機能の独占状態を吹き飛ばしました。誰もが、不特定多数に大量に、しかも安価に情報を発信できるようになったのです。インターネットでの情報発信が広がったことで、売り手側が戦略として発信するマスコミの情報への猜疑心も広がり始めました。今では、マスコミの情報よりも、インターネットでユーザー一人一人が発信する、一生活者としての率直な感想や評価のほうが信頼されるという、従来では考えられなかった状況が生まれています。

僕の分析では、現在、最も情報価値が高いのは、知り合いの間でやりとりされる情報です。僕のことを知っている人が、第三者として考えて、あなたにはこの商品がいい、このサービスがいい、この学校がいいのではないかと持ってくる情報。one to oneの関係の中での情報といってもいいでしょう。それが最も価値の高い情報だとすると、次は、僕のことは知らなくても、商品やサービスを提供する企業からお金をもらっていないひとたちの生の声。3番目が、企業がお金を出して、人工的に作った情報です。この情報ツールに、今は一番お金が集まりません。どこのマスコミも、広告が集まらないと嘆いています。つまり、広告を出す側も、マスコミ広告よりネット広告のほうが価値は高いと判断しているわけです。近年、「食べログ」などの人気サイトに、企業が匿名で一般ユーザーになりすまし情報発信する〝事件〟がありました。これも、情報の価値が逆転したことを象徴しています。

20世紀型企業は、マスコミに宣伝広告を出したり、記事を書いてくださいと働きかけたりするマスコミ戦略が、広報の重要な仕事でした。しかし、21世紀型の企業では、マスコミよりも「口コミマーケティング」の戦略のほうが重要になります。つまり、野菜ソムリエ協会の価値に共感・共鳴してくれる人たちに、きちんとダイレクトに情報を伝えなければいけないということです。しかし、そもそも1億2000万人の日本人の中で、誰が僕たちの活動に共感・共鳴してくれるかわかりません。仮にわかったとしても、どうやってその人に伝えるか、手段がありません。

しかし、野菜ソムリエ協会の修了生のブログやツイッターを読む人、フェイスブックの友達登録をしている人は、協会の活動に共感・共鳴してくれる可能性が大きいはずです。野菜ソムリエになってどう変わったか、何を学んだか、修了生が発信する情報こそ、僕たちが伝えたい協会の価値です。我々が人工的に作って発信する情報は、修了生のブログの情報の説得力や信憑性には勝てません。

野菜ソムリエ協会では、毎月500〜600人の新規の受講生がいます。その人たちに受講動機のアンケートを取ると、実際の友人、知人、そしてフェイスブック・ブログ等の仮想空間での知人を含め、なんと8割が口コミで受講を決定しています。組織のトップとして最も誇っているのがこの数字です。

新規受講動機の8割が口コミからということは、それだけ修了生の満足度が高いという証になると思うからです。自分が受講してよかったと思わないものは、知り合いにはすすめないものでしょう。

友達、フェイスブック、ツイッターなどさまざまなツールがありますが、協会としての広告宣伝はゼロです。広告宣伝をしても、あまり効果がないと思っているからです。実際に資格を取った人が、どう評価するのか、ここしかないと思っています。

野菜ソムリエという講座で学べる知識は、高度な知識だとは思いますが、インターネットで調べれば出てくる情報でもあります。東大でもどこでも、教えている知識は、今ではインターネットを調べれば、ほとんど出てきます。しかし、知識以外のもの、たとえば、モチベーションであったり、自分の夢を見つける力であったり、行動力などは、いくら知識を習得しても身につきません。僕たちの講座は、そこに重きを置いています。修了生の情報発信が、僕たちの価値に共感・共鳴してくれる人に自然に伝わり、それが、野菜ソムリエ協会の認知、興味、受講に結びつく。そこが、僕たちの活動の重要なポイントで、そのサイクルが12年間うまく回っていたことが、僕たちの協会が発展している3つ目の理由だと思います。

野菜ソムリエ協会の設立後に登場した、さまざまな食関連の資格協会は、ほとんど受講段階で業務を終え、受講生のその後の活動をサポートしている所はあまりないと思います。これは、もともと協会を設立した時の目的のちがいだと思います。僕は、野菜ソムリエという資格者を増やすことだけを目的にして、この仕事を始めたわけではありません。農業を次世代に継承したい、食を日常的に楽しむ社会をつくりたいという思いを実現するために、資金もないので、まずは人材育成から始めようと思っただけです。大事なのは、その後です。野菜ソムリエをどんどん作ればいいというものではなく、野菜ソムリエがどのような活動をして、結果的に食を楽しむ社会、農業を次世代に継承する社会につなげられているか。僕にとっては、そのほうが重要で、そこに力を入れています。それが結果的に修了生の発信を生み、その情報を受けた人たちを野菜ソムリエ協会に呼び込んだのです。4万人の修了生たちが、さまざまな情報を発信してくれたおかげです。

さらに、食べ手が食に対する勉強を始めたことで、野菜の流通にかかわる人たちの意識も変わらざるを得なくなりました。店頭でお客様に質問されても答えられないという状態が散見されたからです。スーパーのアルバイトスタッフならともかく、デパ地下の青果専門店のスタッフが答えられないのでは、彼らの存在意義が否定されてしまいます。そのうち、店長になる条件に、野菜ソムリエ資格の取得を義務づける会社が登場し始めました。設立当初、「素人に何ができる」と何度も言われましたが、結果的に、素人集団が流通業界のプロの世界も変えることにつながったのです。最近は、誰も面と向かって「素人に……」とは言わなくなりました。

ベジフルメンバーズクラブ

修了生たちの発信をサポートする取り組みとして代表的な活動の1つに「ベジフルメンバーズクラブ（VMC）」があります。

野菜ソムリエの資格取得者全員を対象に、継続的に勉強し、さらなるスキルアップを目指すため、全国各地で勉強会や講座、生産地体験ツアーや市場などのフィールドワーク、著名人を講師に迎えての特別セミナーなどを開催しています。また、VMCは野菜ソムリエ同士の交流の場としても機能しています。

その中の人気講座の1つに「食べ比べ」があります。

ジュニア野菜ソムリエ資格取得のための講座でも食べ比べは行っていますが、講座を受けた時期の野菜・くだものに限られています。つまり、春に受講した人は秋の野菜を食べ比べることができないのです。

日本には四季があり、それぞれに旬の野菜やくだものがあります。食べ比べも年間を通じて行ってもらいたいと思います。

トマトであれば、異なる品種のトマトを食べてちがいを知る。青臭いもの、酸っぱいもの、フルーツのように甘いもの。さらに、常温、冷やしたもの、加熱したものを食べ比べ、温度による味の変化を知ったり、味付けをして食べてみたりと、食べ方がちがうことで何が変わるのかということを体験してもらいます。何気なく食べるのではなく、食に対しての高い意識を持ち、普段から五感をフル稼働して食べることで、舌も心も満足できるように思います。そこで生まれた新しい気づきを周りの人に伝えることで、食が楽しいと思う人が増えていくと思うのです。

以前は、ＶＭＣを通して就職先の紹介も行っていました。そのために有料職業紹介事業の許可を取得し、担当部署を作り、約１００名ほどに就職先を紹介しました。現在は、職業紹介業の専門会社に出資し、そちらを通して就職先などを紹介するようにしています。

また、２００８年に出版した『おいしい野菜教室』（柑出版社）は、さまざまな野菜やくだものを解説しています。今の自分に必要な野菜やくだものを知り、効果的な摂り方も指南しました。いわば、野菜やくだものの小ネタ集です。この本を使いながら、友人と野菜やくだものについて話ができるし、野菜の講習会を開催することもできる。そんな風に自由に使ってもらえる書籍も出版しています。

さらに近年では、協会が企画を考えて講師を招くのではなく、修了生たちが学びたい、知りたいと思っていることを提供する場に、ＶＭＣが変化しています。ＶＭＣの企画は修了生が考える持ち込み企画が増えました。一定の資格条項をクリアした修了生に場を提供し、自主的に活動してもらうのです。講師も修了生が担当し、内容もより幅広いジャンルの講座が増えました。社員が考えつかないようなアイデアが上がってくることもあります。

ただし、自主性に任せたままにするかどうか、損益分岐点をポイントに判断しています。主催者は協会ですから、３人しか集まらず赤字が出たら、それは協会の負担です。逆に30人集まって黒字になったら協会の利益です。毎回、毎回、３人しか来ない人には「もう次はないです」とプレッシャーをかけます。努力しても人が集まらないということは、結局、社会的ニーズがないということだからです。

以前、ＶＭＣでイタリア料理と和食をフュージョンさせた料理を作る教室をやりたいという修了生がいました。しかし、開催したところ、２回目も３回目も、参加人数は一桁しかありませんでした。僕は講師を呼び、「あなたはこの講座を満席にしたいのか」と聞きました。「多くの人に知ってもらいたい」と答えたので、そのために何をしたのか聞きました。わずか3人、4人の友達にメールをしただけという答えでした。「あなたは友達が何人いるのか、親せきが何人いるのか。心の底からいい講座だと思っているなら、すべての知り合いに出てくれと言えるはずだ。言えないのなら講師を辞めてください」と僕は突き放しました。

その後、彼女の教室は満席になりました。人が集まれば、講義のクオリティーは上がります。知り合いを呼んで、「これで3000円はとり過ぎだ」と思われるのは、誰でも嫌です。3000円なら5000円のクオリティーのものを出さないといけない。それでようやく参加してよかったと思ってもらえます。

こうして人を集められるようになった講師は、協会のサポートが不要になり、独立できるようになります。自分の力で利益を生めるようになっているので、他のところで講座を開き、それをビジネスにしています。VMCは基本的に自由です。ルールを作りガチガチに縛るより、修了生のやりたい気持ちを活かしたほうがいいと考えています。

スタート当初は、修了生の継続的なスキルアップが目的だったVMCが、今では修

了生たちの情報発信の場、活躍の場に進化してしまったのです。あるセミナーで、

「協会は、私たちに何をしてくれるのか」

と問われたことがあります。僕は言いました。

「あなたの卒業した学校は、あなたに何をしてくれましたか」

学校は卒業すれば終わり。でも、そこからがスタートです。あとは自分の足で歩いていくしかありません。

僕たちは、おせっかいと言われても、ネットワークを作ったり、何かを始めたいけれど「最初の一歩の踏み出し方が分からない」という人々が何かに気づくことができるような場所やサービスを、これからも提供していくつもりです。でもやはり、最後は、一人一人それぞれの夢や理想を持って、どう歩いていくのかが重要です。

結局我々にできることは、気づきと刺激を提供することだけなのですから。

野菜ソムリエコミュニティ

修了生の活躍の場として、VMCと並行してあるのが、「野菜ソムリエコミュニテ

ィ」という組織です。全国の野菜ソムリエの2割前後、7000～8000人ほどが参加していると思いますが、それぞれの地域で野菜ソムリエが集まって結成している、修了生の自主組織です。現在、全国50か所前後のコミュニティがあり、各地域ごとに活動しています。

野菜ソムリエコミュニティを始めたきっかけは、鹿児島県在住の修了生の言葉でした。鹿児島に行った時、「福井さん、鹿児島は見捨てられたのですか」と言われたのです。福岡には協会の事務所があり、VMCも活動しているのですが、福岡の事務所まで鹿児島から3時間もかかるため、活動拠点がないというのです。なるほどと思いました。そこで、地域ごとにコミュニティを作ってもらい、継続的な活動の支援をすることにしました。鹿児島の野菜ソムリエ活動は、そこから活発化し、自然に受講生も増えていきました。修了生が地域に根ざした野菜ソムリエ活動をすることは、結果的に野菜ソムリエの認知、興味、受講につながるのだということを、鹿児島の野菜ソムリエたちから教えられました。

今は、各地のコミュニティ代表のメーリングリストも作り、毎月1回、どのようなことをやったか、どのような活動が良かったかなどをレポートしてもらうことで、各地の情報を共有できるようにしています。また、協会のホームページから各コミュニティにアクセスできるようにし、専任スタッフが、問い合わせの対応をはじめさまざまな活動のサポート業務をしています。

野菜ソムリエコミュニティでは、個々の修了生のスキルアップのための勉強会を開いているところもあります。たとえば、美味しそうに野菜を撮影するためのデジカメ講座、愛犬に野菜をメインにしたドッグフードを作る講座など、講座内容は、コミュニティに任せています。各コミュニティによって、内容もさまざまです。ＪＡの直売所経営にかかわっているメンバーがいる地域では、畑を借りて農業もやっています。料理教室の講師による、食育活動が活発なところもあります。シンプルに食べ比べ講座を開催したり、みんなで畑に収穫体験をしに行ったり、卸売市場を見学に行くなど活動も多岐にわたります。

全国各地それぞれに地域性もちがうので、各地域に適した活動を行うのが一番いいと思っています。個人ではなかなかできないことも、協会公認の団体として申し込むと、受け入れてもらえることが多くあります。そこが、野菜ソムリエコミュニティのメリットです。

実は、このコミュニティ活動が、今、大きな力を持ち始めています。コミュニティ代表者は、その都道府県や市の審議会の委員だったり、代表になったことをきっかけに地域のリーダー的存在になる方が多いのです。そのため、コミュニティと行政との接点やＰＴＡなど学校との接点が生まれ、地に足を着けたさまざまな活動の場が広がっています。

協会を設立する時点で、僕には、「これが野菜ソムリエの理想像だ」というイメージがありました。しかし、今はその理想像を捨てました。野菜ソムリエは、年少者は8歳から年長者は80歳までいます。この人たちを、１つの枠に入れて理想像を考えるのは無理があります。それなら、各自がそれぞれの理想像に向かって一歩を踏み出せるようなサポートをしようと考え方を変えました。

マスコミに「野菜ソムリエとはどういうものか」と聞かれれば、「野菜・くだもののスペシャリストとして、生活者に野菜・くだものの魅力を分かりやすく伝える人です」と答えますが、現実には、４万数千人の野菜ソムリエがいたら、４万数千通りの野菜ソムリエの理想像があるのです。

新規に始める事業というものには、やってみて初めてわかること、やらないとわからないことのほうが圧倒的に多いと思います。想定とちがったと気づいた時、いかに素早く適応するか。そのフレキシビリティが大事です。ただし、フレキシブルに適応しながらも、軸はぶれてはいけない。当初の想定とちがうからと、最初に考えた軸までずらしてしまう人や、一度決めたことを枝葉の部分まで頑固に変えない人がいますが、そのバランスをとることが大事だと思います。そのためには、どうすればいいのか。答えは現場にあります。スタッフと話しているだけでは見えてきません。受講生と話したり、いろいろな所に行きいろいろな人と話すことです。クレームもたくさん言われます。それをうるさいととるか、建設的に、そういう意見もあるのかととるか。それが成功するか失敗するかの分かれ目ではないかと思います。

野菜ソムリエ職業化プログラム

修了生を対象に、職業として独立できる人を育てるためのプログラムで、ジャンルはライター、レシピ開発、料理教室開業など、さまざまあります。その1つとして、講師養成編もあります。将来、野菜ソムリエの資格を活かして講師になりたいという要望から生まれた講座です。野菜の知識を得たからといって、他人の前で話して相手に伝えられるかどうかは別問題です。そこでは、シニア野菜ソムリエを講師に講座を実施しています。僕が見ていても、非常に厳しい指導で、なかには泣き出してしまう受講生もいるくらいです。シニア野菜ソムリエにとって、相手はお客様ではなく、同じ野菜ソムリエという立場の後輩です。それだけに、本気モードで容赦なく指導します。協会のスタッフが指導するより、よほど迫力があります。その厳しさがあるから、一人前の人材が育ちます。

無事にプログラムを修了し、講師からOKが出た野菜ソムリエには、協会が活躍の場を提供します。協会で実施している野菜教室の講師もそのうちの1つです。これは、野菜の知識を持たない一般の人を対象にした、野菜のカルチャースクールのようなものです。何度か、野菜教室で教えてみると、講師としての向き不向きも見えてきます。そして実力をつけた人の中には、VMCの講師にまでなってしまう人もいるほどです。こうして、それまで専業主婦で、人前で話したことのなかった人が、堂々と講師を務められるようになるのです。

認定料理教室制度

協会の活動に認定制度があり、その1つが認定料理教室制度です。料理教室を開いている野菜ソムリエを認定する仕組みです。場所を借りている人もいれば、自宅で開催している人もいます。また、開催頻度も人それぞれです。共通しているのは、野菜ソムリエになり、野菜の知識が深まったので、それを人に伝えたいという気持ちです。伝える手段として、料理教室は、彼女たちにとって非常に身近です。ただし、料理教室を開くには、どうやってプログラムやレシピを作るのか、さらに、生徒の集め方やチラシの作り方など、さまざまな要素が必要になります。野菜ソムリエ協会は、そのサポートを行っています。現在、認定料理教室を開催している野菜ソムリエは、30０人くらいいると思います。

登録すること自体は無料のサポートですが、協会にとってもメリットはあります。たとえば、料理教室に協会の資料を置かせてもらえます。また、いろいろな企業が、協会にアプローチしてきます。たとえば、調理器具の会社が、無料で調理器具を使ってもらいたい、料理教室で使ってアンケートを書いてフィードバックしてほしいという要望などがきます。そのアレンジ料が協会の収入になります。料理教室の講師300人に一斉アンケートができるのは、野菜ソムリエ協会くらいだと自負しています。

協会のホームページから、料理教室の講師を検索できるようにもなっています。料理教室を開いている野菜ソムリエにとって最大の課題、どうやって生徒を集めるかを協会がサポートしています。また、毎月1回、レシピコンテストを開催し、みんなで料理教室を盛り上げます。

これは1つの成功モデルです。全く何もないところから始まった事業です。料理が趣味という人はけっこう多いのですが、料理教室の講師になるにはハードルがあります。そこをサポートすることで、料理教室を通じて、食に興味のある、多くの生活者と接点を持つことが可能になりました。1つの料理教室に平均20人の生徒がいるとすると、300教室で6000人になります。僕たちが投資をして一般の料理教室に通っている6000人と接点を作ろうとしたら、どれだけコストがかかるかわかりません。今後、認定料理教室を500ケ所、さらに1000ケ所まで広げていきたいと考えています。1週間のうち5日間はコンビニ弁当でも、週末だけは野菜料理を手作りする人が増えれば、日常的に食を楽しむ社会をつくることに、一歩、二歩と近づくことになります。

僕は別に、認定制度で料理教室をビジネスにしたいわけではありません。料理教室に通っている人たちは、我々と一緒に食を楽しむ社会をつくる、いわば同志です。その人たちのためにネットワークを作り、情報を提供するための手段の1つが認定料理教室なのです。

実際、ジュニア野菜ソムリエの受講生のうち、年に100人前後は料理教室の講師に紹介されたと言っています。我々の事業はシンプルな物販ではないだけに、興味があるだけではなかなか受講まではしてくれません。料理教室の講師は、その料理教室の生徒さんから信頼されています。その講師からの情報だからこそ、受講してくれるのです。その意味でも、料理教室の果たしてくれている役割は非常に大きいと感じています。

ちなみに、毎月、2000件近い資料請求が来ますが、受講者はそのうち500～600人です。僕たちは、資料請求して受講しない人たちの後追い調査をしていますが、半分は受講料の高さ、半分はスケジュールが合わないことが理由です。言い換えれば、資料請求してくれた方たちのスケジュールに合うような講座を組めば、今の2倍以上、受講者が増えるということです。そこが、今の僕たちの課題の1つです。

認定レストラン制度とアカデミックレストラン

野菜ソムリエの認知度が上がるにつれて、僕たちの社会的な活動の幅も広がりました。飲食業界、青果店、行政などと連携した新たな取り組みが始まっています。

その1つが、認定レストラン制度です。現在、約150店舗の認定レストランがあります。ここ10年ほどで、野菜料理に力を入れるレストランが増えました。昔は肉や魚がメインでしたが、今は野菜に力を入れていないと、お客様は、年に1回は来てくれても日常使いしてくれません。客単価が下がっていることも影響していると思いますが、近年、新規オープンするレストランの多くは「野菜が美味しい」とうたっています。

ところが、仕事柄、そういうレストランに行って食べると、がっかりしてしまうことが多々あります。野菜を売りにしながら、こんな野菜を出されては困ると思ったこともあります。せっかくお客様が、美味しい野菜を食べられると思って訪れているのに、結果的にかえって野菜離れが進んでしまうのではないかと危機感を持ちました。それなら協会で、「この店に行けばまちがいなく、美味しい野菜が食べられます」と伝える活動をしようと考えたのが、認定レストラン制度の始まりです。野菜版ミシュランのようなものです。

認定レストランには、以下の5つの基準があります。

1　協会の理念と協会認定レストランの活動に賛同すること
2　ジュニア野菜ソムリエ以上の資格保有者の推薦がある、もしくは店舗にジュニア野菜ソムリエ以上の資格保有者が在籍していること
3　協会が指定する「旬の野菜リスト」に基づき、旬の野菜を5種類以上使用したメニューがあること
4　「旬の野菜」を使用したオリジナルメニューがあること
5　「旬の野菜」の情報を生活者（お客様）に発信していること

認定レストラン制度を始めると、いろいろな副次的効果が見えてきました。最大の効果は、認定料理教室と同様に、僕たちの活動の価値に共感・共鳴してくれる人たちとの接点が広がったことです。

野菜の美味しいレストランに食べに来るお客様は、ファストフード店や食べ放題の焼肉レストランには、あまり行かない人たちで、僕たちが提供している価値に共感・共鳴してくれる人が多いと思います。そうなると、認定レストランは、僕たちが伝えたい情報の発信場所になります。さまざまな資料を置かせてもらうことが、認知、興味、受講というサイクルにつながっています。

また、最近では、野菜ソムリエの中に認定レストランの食べ歩きをする人が出てきたり、認定レストランで「野菜ソムリエです」と伝えると、わざわざシェフが出てきて会話をしてくれたりということが起き始めています。これは、お店を訪れた野菜ソムリエにとっては、格好のブログネタにもなります。それがまた、野菜ソムリエの発信となっていくといった、いい循環が生まれています。

認定レストランの協力を得て、「アカデミックレストラン」という活動も始めています。これは、7〜8年前、雑誌に掲載されていたアメリカのプロ用の調理師学校の記事を読んだことがきっかけです。その学校は世界的にも有名な調理師学校で、多くのミシュランの星付きシェフを輩出しています。その調理師学校の入学式か何かの様子をレポートしている記事が、僕の目にとまりました。

最初はワインが3種類、チーズが3種類並べられます。9通りの食べ合わせがあるわけですが、まず何も情報を提供せずに、1番のチーズとAのワインの食べ合わせはどうか、1番とBはどうか、感想を書かせます。その後、講師が登場し、Aのワインはどこのもので、こんな特徴があり、1番のチーズはこういうものだと説明します。そこからもう一度、組み合わせを考えさせるのです。つまり、事前情報がなく、五感だけで考えた食べ合わせが、情報を得た後にはどう変わるかという試みでした。

なるほどと思いました。僕たち現代人は、食べる時、7～8割は情報で食べているのです。こちらは有機栽培、あちらはスーパーで購入したものと情報を与えると、同じものでも有機栽培の野菜のほうが美味しく感じる人が多くなるのです。おかしなことですが、そういう実験があるのです。これは面白い、応用できないかと思ったときに、頭に浮かんだのが、認定レストランと連携したアカデミックレストランでした。

レストランで僕たちが食事をする時、五感で味わうだけでなく、シェフの経歴などで先入観を持ってしまいます。料理が出てくる前に、頭で判断してしまっているのです。食べログを見て店を選んだ人も、「何点だから美味しいにちがいない」と先入観を持って食べ始めます。五感を通じて飲食を楽しんでもらうだけでなく、より詳しく正確な情報を提供し、脳でも味わってもらう仕組みを作れば、ファミリーレストランがファミレス業界を確立したように、アカデミックレストランも業界として成り立つのではないかと考えたのです。

ファミリーレストランが登場したのは、僕がまだ子どもだった1970年頃です。最初に父に連れて行ってもらった時、父はファミリーレストランを、こう分析していました。日本も車社会になり、郊外のレストランに自動車で来ることができる。しかも、それまでフォークとナイフを使い洋食を食べられるのは、高価なレストランだけだったが、ファミリーレストランは、フォークとナイフを使い、アメリカ文化を感じながら、家族4人で食べても5000円もかからない。家族で外食し、団らんできる余裕とモータリゼーション、そしてアメリカ文化。これは流行《はや》るぞと父は言いました。事実、ファミリーレストランは、その後、急速に発展しました。

ところが1990年代後半から、ファミレス業界の売り上げは下降線をたどり、陳腐化が始まります。業界最大手だったすかいらーくグループの象徴、レストラン「すかいらーく」は姿を消し、同グループの主力レストランは低価格を売り物にする「ガスト」にとって代わりました。今はフォークとナイフを使うのがあたり前になり、アメリカ文化もめずらしくなくなり、家族団らんをする場所は、他にもあります。だからこそ、どこに行っても同じ雰囲気、同じ味のチェーン店より、人とはちがう経験をしてみたいと考える人が増えてきているのです。時代の変化の中で、1970年代にはプラスだったものが、全部マイナスに変わってしまいました。その状況下で大量出店したことで、陳腐化し、コストを下げざるを得なくなるというジレンマに陥ったのだと、僕は見ています。

そんな時代だからこそ、一店ごとに個性があり、食材の情報も一緒に得ることができるアカデミックレストランは受け入れられるのではないかと思いました。

アカデミックレストランでは、野菜ソムリエとシェフがペアになります。使用した食材に関しては野菜ソムリエが、どこでどのように栽培されたものか、品種の特徴は何か、栄養はどうかなど、細かな説明をします。一方のシェフは、その素材の特徴を踏まえて、素材を活かすためにどのようなレシピを考えたのか、どのように調理したのかを説明します。参加者は、その情報とともに料理をいただくのです。

現在は月に数回、全国でみると1週間に1度はどこかで開催するペースで取り組んでいます。そこに参加して料理を食べる人も、説明するシェフや野菜ソムリエも、食の楽しみを継続的に経験できます。そして、参加者がブログから情報発信してくれるおかげで、僕たちの活動の認知度がさらに広まるという副次的効果もついてきました。

認定青果取扱店制度をスタート

2011年春から、認定青果取扱店制度もスタートしました。これは、これからの10年の野菜ソムリエ協会の活動を考えた時、非常に大きな意味を持っています。目的は、農業を次世代に継承するための基盤作りです。

僕は、農業を次世代に継承するためには、生販一体の仕組み作りしかないと考えています。青果店は、生産者と生活者の架け橋となる重要な存在です。現在、資格取得者の中に、青果店が400～500軒もあり、青果を扱っています。その人たちと一緒に、生販一体の仕組み作りの〝販売〟部分を担ってもらおうと思ったのです。

認定青果取扱店では、販売や集客などのさまざまなノウハウを共有する青果店どうしの連携だけでなく、認定レストランなど、こだわりの強い飲食店との連携、野菜ソムリエコミュニティ、認定料理教室との連携も図っていきたいと考えています。

認定青果取扱店に登録する条件として、4つの基準があります。

1　野菜ソムリエ協会の理念、および認定青果取扱店の活動に賛同していただくこと
2　店舗にジュニア野菜ソムリエ以上の資格保有者が在籍していること
3　販売などに関するノウハウを積極的に共有していただけること（事務局が設定する勉強会や情報交換会などへの参加、顧客への共同サービスなど）
4　野菜ソムリエ協会側でサポートしていく青果物（自治体パートナーや野菜ソムリエサミットなどで、販売促進を強化しようとしている青果物）などの販売機会をいただけること

認定青果取扱店には、近隣地域の認定レストランや認定料理教室の紹介、人気商品

の情報提供など、さまざまなサポートも行います。

現在、全国に約30店舗の認定青果取扱店がありますが、まずは、１００店舗規模まで増やし、全国規模の青果店ネットワークを作るのが目標です。

また、農家を対象にした野菜ソムリエ農家奨学生制度で、毎年20〜30人の野菜ソムリエ資格取得農家が誕生しています。近い将来、野菜ソムリエ認定生産者制度を創設し、さらに、野菜ソムリエ協会の直営農場も作りたいと思っています。

認定生産者の農家や直営農場で生産された野菜を認定青果取扱店に優先的に提供し、認定青果取扱店から認定レストラン、野菜ソムリエコミュニティ、認定料理教室まで、生産・小売・飲食という生販一体型のネットワークが広がれば、生産者の販路確保につながるだけでなく、川下のニーズやトレンドを川上の生産者にフィードバックし、生産に活かすことも可能になるはずです。

自治体パートナー制度

近年では、補助金を出して野菜ソムリエを育成したり、野菜ソムリエ協会に地域特産品のブランディングなどへの協力を依頼してくださる自治体が増えてきました。そこで、2010年、自治体パートナー制度を立ち上げ、登録自治体と連携した活動を始めました。登録料は無料で、現在、青森県、高知県、宮崎県、鳥取県、徳島県、山形県、西条市、豊橋市、十和田市、田原市、金沢市、大府市の6県6市のほか、南信州広域連合（14市町村）が登録パートナーになっています（2013年4月1日現在）。

自治体が野菜ソムリエの育成に力を入れ始めたのは、言うまでもなく地元の農業活性化のためです。今まで、多くの地方都市は、補助金で工場誘致をしてきましたが、うまく誘致できていないのが現状です。やはり原点回帰して、もともと地域にある農業を活性化させるしかないというところに落ち着いた自治体が少なくないのです。

そのために野菜ソムリエを育成して直売所で働いてもらったり、農家に生活者の気持ちをわかってもらうため、野菜ソムリエ資格の取得をサポートしたり、特産品販売のためのマーケティングの手法を取り入れるために、自治体職員の中から野菜ソムリエを育てる動きなどが広がり始めました。

今ではほとんどの県にマーケティング・チームはありますが、ブランディングの経験がほとんどない、初心者に近い方が担当していることもままあります。実際に、以前野菜ソムリエ資格を取得した行政マンがマーケティング・チームに配属され、「どうしたらいいですか」と相談してきたことがありました。それなら、野菜ソムリエ協会が、ボランティアで県の農産物ブランディングをサポートしましょうと言ったのが、自治体パートナー制度のきっかけです。

現在も基本的なサービスは無償で行っていますが、そのうち、有償でオリジナルのサービスをしてほしいという自治体も出てきました。そこで、レストランを借り切り、地域の農産物をPRするフェアや、産地と青果バイヤーやシェフのマッチングをする「野菜ソムリエコンベンション」など、さまざまなイベントを始めました。また、自治体職員を対象にワークショップなどの研修も行うようになりました。

「野菜ソムリエサミット」というユニークな取り組みもあります。これは、「ホウレンソウ」「きゅうり」「トマト」など、毎回、テーマを1種類の野菜やくだものに絞り、全国から出展者を募って、野菜ソムリエが審査員となり、生活者の視点で審査し、優秀な農産物や生産者を表彰する品評会です。以前は「ベジフルサミット」と呼んでいました。

近年注目されている高糖度トマト「アメーラ」は、2007年にこのサミットで優勝したことを武器に、スーパーなどへの営業をかけました。

野菜ソムリエサミットを開催したねらいは、まさにそこにありました。農業界には、農林水産大臣賞という賞があります。農業界では非常に権威がある賞ですが、果たしてどれだけの生活者が知っているでしょうか。農林水産大臣賞が、個人だけでなく村の誇りだった時代とは、違う形のアプローチを、今は求められています。

自治体パートナー制度も野菜ソムリエサミットも、野菜ソムリエを増やすことには、直接の効果はありません。何度も言いますが、僕は民間資格の教育事業をビジネスとして拡大しようと思い、活動しているわけではありません。これらの取り組みは、これから10年かけて、農業を次世代に継承するシステムを作るために欠かせないことだと考え活動しているのです。

これからの10年―野菜ソムリエを〝職業〟にする

最後に、これからの10年で、僕がやりたいと考えていることを少し紹介したいと思います。

これまでの12年間は、前述したように、野菜ソムリエの信頼性と権威を確立する時期でした。これからの10年は、野菜ソムリエを社会インフラにすることが目標です。つまり、「野菜ソムリエがいなかったら困る」「野菜ソムリエがいたら便利だ」と多くの人が思うような社会的存在になることです。

そのために、これからの5年間で、野菜ソムリエを職業とする人を1000人誕生させることを目標にしています。「職業にする」というのは、年間、最低300万円程度の収入を、野菜ソムリエとしての仕事で得られるという意味です。

300万円レベルの収入を得ている野菜ソムリエは、全国で、すでに200〜300人前後はいると思います。なかには、もともと専業主婦だった人が、レストランにレシピを提供したり、さらに講演会まで依頼されるようになり、年間1000万円も稼いでいるというケースもあります。

現在、このような例はごく一部で、ボランティア活動や家庭の食卓を豊かにすることだけを気にしている人が大半です。しかし、野菜ソムリエを社会インフラにしていくためには、社会的認知度の高いピラミッドの頂点となる人を誕生させることで、裾野を広げていけると考えています。

そのために、「野菜ソムリエカンパニー」という組織を協会内に設置しました。いわば、野菜ソムリエのプロダクションです。すでに野菜ソムリエ協会には、企業や自治体などから、さまざまな依頼が来るようになりました。仕事の規模も1回5万円の仕事から1000万円の仕事まで幅広くあります。

野菜ソムリエカンパニーは、依頼された仕事に応じて、その仕事に適した野菜ソムリエに打診する、野菜ソムリエのマネージャー的な機能を果たす組織です。仕事の依頼に応じる野菜ソムリエは、登録制で希望者を募っています。今後、各地で野菜ソムリエと企業や自治体とのコラボレーションが広がることが、今や乖離《かいり》してしまった食の現場と農の現場をつなぎ、食と農の関係を再構築していくことにもつながると考えています。

一方で、野菜ソムリエ協会自身が、新たな仕事を創出することも考えています。

2012年5月から準備を始めた事業の1つに、「子ども野菜ぎらい克服塾」があります。この塾に1か月3回ほど通ったら、野菜を好きにはなれなくても、食べられるようになるような〝食育塾〟を広げていこうという企画です。現在、野菜ソムリエ資格を持っている幼稚園や保育園の園長に依頼し、試験段階に入っています。

なぜ野菜が嫌いなのか、香りなのか味なのか、それぞれの理由に応じて処方箋を作れば、一定のマニュアルができるのではないかと考えています。従来、食生活指導は「これを食べないと、こんな栄養が不足して病気になる」など、極端にいえば、脅迫的に食べさせるものが主流でした。野菜ソムリエ協会は、もっと楽しく、もっと自然に、苦手な野菜を克服できるようなマニュアルを作りたいと考えています。マニュアルができたら、それに沿って各地の野菜ソムリエに「子ども野菜ぎらい克服塾」を開設してもらいます。公文方式のようなビジネスモデルが展開できれば、職業としての野菜ソムリエを確立できるだけでなく、野菜好きの子どもたちを全国で育てることができるはずです。

もう1つ、今、東京で活躍しているシニア野菜ソムリエをモデルに、社会で活躍する野菜ソムリエを育成しようと、新たなプロジェクトが動き始めています。シニア野菜ソムリエ本人が面接して「これぞ」と見込んだ人だけを研修生に選抜し、座学も実践も、彼女たちを講師にみっちり仕込んでもらいます。ここから、さらに活躍する野菜ソムリエが誕生するのを、僕は心待ちにしています。

ここまで読んでいただければ理解してもらえると思いますが、僕が構築したいと思っているのは、食と農のコンソーシアムです。生産から販売までをつなぐコンソーシアムだけでなく、いずれは農業生産法人のコンソーシアムを作り、共同販売会社や共同資材購入、ブランド共有なども実現したいと考えています。

最終的には、生産部門、小売部門、卸部門、飲食部門を持つ〝日本農業株式会社〟のような形を作りたい。これは、トヨタやパナソニックが製造業で築いてきたビジネスモデルです。自分たちで作り、自分たちで売る。今、僕がやっているのは、そのための第一歩にすぎません。

この作品は二〇一〇年四月木楽舎より刊行された『野菜ソムリエをつくったわけ』を加筆修正のうえ改題したものです。

野菜《やさい》ソムリエという、人《ひと》を育《そだ》てる仕事《しごと》

福井《ふくい》栄治《えいじ》

平成25年6月15日　初版発行

発行人――石原正康
編集人――永島賞二
発行所――株式会社幻冬舎
〒151-0051東京都渋谷区千駄ヶ谷4-9-7
電話　03(5411)6222(営業)
　　　03(5411)6211(編集)
振替00120-8-767643
印刷・製本―近代美術株式会社
装丁者――高橋雅之

検印廃止

幻冬舎文庫

ISBN978-4-344-42031-1　C0195　ふ-23-1

幻冬舎ホームページアドレス　http://www.gentosha.co.jp/
この本に関するご意見・ご感想をメールでお寄せいただく場合は、
comment@gentosha.co.jpまで。